JN009459

関西酒場のろのろ日記

スズキナオ

ele-king books

関西酒場のろのろ日記　目次

第三章

京都と神戸の酒場

第四章

酒場以外で飲む酒

本文に掲載の価格・メニュー・店舗情報は、訪問時のものです。

まえがき

本書に収められた文章は、二〇一四年の夏に東京から大阪に引っ越してきた自分が、それ以降、関西のあちこちで飲み歩きながら感じたことを振り返ったものだ。世界中に広がった新型コロナウイルスの影響もあって、改めてお店を訪ねることもできぬまま、感染リスクなど気にすることなく酒を飲めていた日々を思い起こしながら書いた。

そうやって書き綴ってみると、大阪へやってきた当初は知り合いのまったくいなかった自分が、大阪をはじめとした関西の酒場文化に、たまに痛い目をみては背筋を正されながらもおそるおそる近づいていく過程がそのまま現れたようなものになった。おすすめの店がエリアごとに網羅された「関西酒場ガイド」といった風ではなく、関西と自分との距離を、酒の力を借りてなんとか近づけていこうともがいた記録、という感じである。

もちろん名前を挙げさせてもらった酒場はどこも大好きだが、偏りもあるし、抜けもある。

「なんであの町のあの店が載ってないの？」と感じられることも多々あるかと思う。住んだ場所に近いから通うようになった店とか、身近な友人たちに教わって知った店ばかりだから、読んで参考になるような情報があるかというと心もとない。その時その時に自分が感じた関西の酒場の魅力について、その一端ぐらいが伝わってくれたらそれだけでありがたい。

　大阪に来てからできた知り合いに「おすすめの居酒屋を教えて！」とよく聞いていた時期がある。しかし、たいていの場合「うーん、会社の近くの適当な店しか行かへんからなぁ」といったぼんやりした答えが返ってきた。もちろん、中には「難波のあの店は面白いで！」とか、好きな店を教えてくれる人もいたが、多くは「その辺の、ようあるような店で飲んでるだけ」といった反応。東京に住んでいた頃、酒場情報の載った本を片手にスタンプラリーをするかのように名酒場と言われる店をめぐっていた私は「あれ？　みんな、酒場とかあんまり興味ないのかな？」と思ったものである。

　しかし、自分の足で飲み歩いていくうちに徐々にあのぼんやりした答えの意味がわかってきたような気がした。「ようある店」こそが素晴らしいのだ。「大阪では安くて旨い店じゃなければ生き残っていけない」と、そんなことを何かにつけて見聞きするように、どの店も大抵サービス精神が旺盛だという、それも理由のひとつだろう。でもそれ以上に、関西の酒場に求められているものが「驚愕のコストパフォーマンス」とか「食べログ何点以上の絶品料理」とかよりも、「店のおばちゃんが面白い」とか「なんとなく居心地がいい」みたいな、数値化しにくい価値だからなんじゃないのかと思うのだ。電車を乗り継いで名酒場を訪ねるなんて面倒くさいことはせず、いつも行く店のいつも食べるつまみを愛し、そこで生まれる人間関係を面白がるというような。生活の中で自然に出会うような形で酒を楽しんでいるように見える。

東京と大阪の酒場を自分なりに比べてみて感じたことに、「大阪では歴史ある店が歴史にそんなに執着しない」というものがある。東京の老舗酒場であれば、年季の入った看板とかメニューが貴重品のように扱われ、客もその風合いを楽しむようなところがあるけど、大阪では古めかしい看板を大事にするよりは、ピカピカと新しくて目立つものに積極的に取り換えていく。メニューもどんどんリニューアルして見やすいものにする。ロマンやストーリーより、合理性が重んじられる。チューハイを注文した時に焼酎と割り材が別々に提供される東京の下町スタイルが大阪にほとんど見られないのもきっと「邪魔くさい」からだと思う。効率的に、手軽に、自分なりに楽しめる酒が重んじられるのだと思う。

と、こうやって書いていることだってもちろん私の個人的な経験によるものであり、「まったく逆や」という人だってたくさんいるだろう。大阪や関西のことを書く時、いつも自分の中に「さも知った風なこと書いてんなぁ」と厳しめのツッコミを入れてくるもう一人の自分がいる。書こうとすればするほど距離が遠ざかったり、書き切れない部分が浮かびあがってくるのが私にとっての関西だ。そもそも「関西」なんてひと言で書いてしまっているけど、大阪と神戸と京都の酒文化は全然違う。大阪の中だって、キタとミナミと郊外だったら雰囲気がまったく違う。簡単に総括しようとするのは土台無理な話なのだ。自分が見聞きしたことは、たまたまその時の自分にとってそう見えただけのものかもしれない、ということだけが確かである。

私と関西の酒場の間にある距離は、近づいたと思ったらまた開いてをこれからもずっと繰り返していくんだろう。そんな日々を続けているうち、いつか私は、「おすすめの店ありますか?」という質問に、「よくあるような店で飲んでるだけっす!」と答えるようになっているのかもしれない。

第一章

大阪の酒場

大阪に引っ越してきた自分を迎え入れてくれた酒

大阪市北区中津「大阪はなび」「大衆酒場いこい」

三十代半ばまでを過ごした東京を離れ、私が大阪へ引っ越してきたのは五年ほど前のこと。東京では仕事のまったくできない給料泥棒として同僚たちにからかわれつつも、なんとかギリギリのところで会社勤めを続けていたがとうとう限界を感じて環境を変えることに決め、妻の出身地である大阪へやってきた。

フリーライターと名乗るだけ名乗ってみたものの、月に一本の原稿が書けるか書けないかという程度の仕事しかなく、家で怠惰に過ごすか、たまに気合を入れてようやく外に出たところで近所を散策して帰ってくるだけ、というような日々が続いた。

そんな中、〝割と暇な本屋の店番〟という、私にとってうってつけの仕事をくれたのが「シカク」という変わった名前の店だった。現在は大阪市此花区の西九条近くに移転したシカクだが、当時は北区の中津という場所に店舗を構えていた。

物好きな人々が自腹を切って少量の部数だけ作る「自費出版本」ばかりを専門に扱う店で、

「中津商店街」という、古びた小さな商店街の一画にあり、外観からして一見さんを寄せ付けないような異彩を放っているように見えた。

そんな店だから、一部の好事家だけに熱狂的に愛されはするものの、普段はあまりお客さんが来ず、店長と副店長とのんびり会話しながら時間を過ごしていればだいたいそれだけでよかった。給料は驚くほどの安さだったが、それまで無駄に過ごしていた時間が、どれだけ安かろうとお金に変わるというのはありがたいことだった。

そのシカクがある中津というエリアは、買い物客でいつも賑わう阪急梅田駅あたりから徒歩十分ちょっとという距離である。隣町と言ってもいいぐらいの近さなのだが、梅田あたりとは雰囲気がガラッと変わり、静かな町並みとなる。地下鉄の中津駅前の通り沿いだけはお店も多いが、そこを離れると路地の入り組む住宅街だ。

シカクで仕事をすることがなければ、そして店長と副店長に案内してもらわなければ、私はずっと中津に魅力的な居酒屋があることを知らずに過ごしていたと思う。「大阪はなび」も「大衆酒場いこい」も、その二人に連れて行ってもらった店だ。

「大阪はなび」は、貨物線用の線路沿いにある店で夏は軒先にまでテーブルが出され、冬は透明のビニールカーテンで外と仕切られている。つまり、どの季節でも明るい店内の様子が外まで丸見えだ。大量の提灯が吊り下げられ、静かな中津の夜を煌々と照らしている。
もともとガレージだった空間を店主が自力で居酒屋へと作り替えたそうで、隅々まで手作りの勢いと派手派手しさで満ち溢れている。お祭りの居酒屋屋台のような雰囲気だ。店内には立ち飲みカウンターとテーブル席が用意され、サッと飲んで帰る客は立ち飲み席へ、仕事帰りのグループ客はテーブル席へ、と用途によって使い分けられている。ちなみにテーブル席で使われる座席はビールケースを二つ重ねただけのものである。

壁にはびっしりとつまみのメニューが貼られ、天井からスナック菓子の袋がぶら下がっていたりして、どこに視線を移しても何かが主張してくるような、このゴチャゴチャ感がたまらない。料理はどれも安くてボリューム十分。店主のお母さんが手作りしているという「ポテトサラダ」は、いつ頼んでも「こんなに？」と驚くほどの量。たまに実家に帰るといつも自分が食べたい量以上に強引に盛り付けてくる母親を思い出す。

「鳥せせり塩焼き」は、オーダーが入ると店主が網で焼いてくれる。その煙がもうもうと店内を漂い、他の客がそれにつられて同じものを注文したりする。味はもちろん、発生する煙の量という点でもこの店の名物なのである。また、ドリンク類は品揃えが豊富で、大阪ではなかなか置いている店のないホッピーもメニューにあり、東京でホッピーを愛飲してきた私にとってはそれも嬉しかった。

引っ越してきた当初、大阪では土地勘もなく、知り合いもほとんどいなかった私にとって、この店でシカクの二人と過ごすガヤガヤした時間は、心細い自分を勇気づけてくれるようなものに感じられた

その後、週刊誌の中の一ページで関西の居酒屋を紹介する仕事を得た私は、「大阪はなび」を取材させてもらうことにした。そこで、店主がその昔、大阪市の中央卸売市場で働いていたこと、それゆえに仕入れの目が確かなこと、店名は、毎年夏に開催されて見物客でごった返す淀川の花火大会の花火のように、老若男女あらゆる人から求められるような店にしたいという願いを込めてつけられたものであることなどを聞いた。

オープン当初はシャッターも無く、開店時間の少し前に店主が店に着くとすでに店内で客が酒を飲んでいることもあったという。店主の語るエピソードはどれも豪快で面白く、そんな話を聞きながら「ああ、自分は今、大阪の居酒屋を取材しているんだな」という実感がひしひしとわき起こってくるのであった。

その後、私の取材原稿が載った週刊誌を店に届けたのだが、その週刊誌がお色気記事やヤクザ関連情報が誌面の大半を占めるようなまさに「大衆誌」といった雰囲気の雑誌だったため、それ以降、店に行くと「おう、久しぶりやな、エロ本！」と、そんな名で呼ばれるようになった。しかしまだまだ手ごたえのつかめない土地である大阪の町に、店主に「エロ本！」と呼ば

れることでほんの少しだけ近づけたような、妙な喜びを感じたものだ。

もう一軒、中津で大好きな居酒屋が「大衆酒場いこい」だ。阪急電車の高架下にある創業六十年以上になる店。阪急中津駅の改札を出て階段を降りたらすぐ右手に入口があって、もはや駅と一体化しているとも言えそうなほどである。

店の敷地は思いのほか広く、左側にはカウンター席、正面奥にはグループ客向けのテーブル席がいくつも並ぶ。

「ここの肉じゃががすごいんですよ！」とシカクの二人に教えてもらったその「肉じゃが」は、大きな平皿にたっぷり盛り付けられ、真ん中に半熟玉子が乗っている。頭の中に思い浮かべていた〝家庭の味〟的な肉じゃが像をくつがえすようなものである。すき焼き風の味付けで甘みが強い。ゴロゴロしたジャガイモをほうばり、生ビールをゴクゴク飲む。店の上の線路を電車が通っていく低い音と振動。この店で浴びる空気も、私にとって、初めて出会う生活感にあふれた大阪の空気として体の奥深くに入り込んでいった。

この店を象徴するものとして、書かずにはいられないのがトイレだ。こんなに雑然としたトイレを私はあまり見たことがない。店の奥、薄暗い物置のようなスペースを、積まれた色々な物にぶつからぬように気をつけつつ奥に進んだ先にようやくトイレがある。ちょっとした探検感覚である。

　小用を足していると、小窓から店の外を歩いていく人の足元が見える。半地下の小窓から眺める風景もまた、私がここで初めて味わった大阪だった。ちなみに、店の構造的な都合上、女性客は一旦外に出て駅のトイレを使うことになっている。そのような連携を駅が認めているというところもまた、なんともこの店らしくて好きだ。

　トイレの話を挟んだ後で申し訳ないが、「肉じゃが」以外にも名物料理は数多い。ガーリックチップが乗った「すじ焼き」は、厚みがあって柔らかく、ステーキを食べているかのような贅沢な気分が味わえる。また、ある時、常連客らしき方が食べているのを見て驚いたのが「中華そば」だ。壁と同化したような色合いの木札のメニューをよく見ないと気づかないのだが、確かにこの店では、丼ものやうどん類、中華そばなども提供されているのだ。その中華そばは野菜が山のように盛り付けられたやけに食べごたえのあるもので、軽い気持ちで締めに注文するとうろたえることになるだろう。人なつっこい味わいで、私はこれが大好きである。

この「大衆酒場いこい」も、前述の週刊誌の原稿を書くために取材させてもらったことがある。原稿ができた時点でお店に事前の確認をお願いしに行った時のこと。店主がじっと私の原稿に目を落とし、その返事を緊張して待った。しばらく間があって、「おう、まあまあよう書けとるわ！　はい、これで頼むわ」と店主が言い、心底ホッとした。「ありがとうございました！　また改めて連絡します！」と告げて店を出ようとしたところ、「がんばれよ！」と店主が言う。「ありがとうございます！　頑張ります！」と私が返すと、「ちゃうで！　頑張れよー言われたら、『お前も頑張れよー！』やろ！」と店主。

「がんばれよ！」に対する「お前もがんばれよ！」。ジミー大西の往年のギャグである。まさかその前振りだったなんて、思いもよらなかった。ちょっとコワモテの店主の言葉に即座にギャグで返せるように、私はいつかなれるんだろうか。この店主とのやり取りも、「ああ、これが大阪なのか！」という気持ちを鮮烈に味わった場面として、ずっと忘れられないでいる。

シカクの店舗が中津にあった頃は仕事帰りにどちらかの店によく寄り道したものだったが、

その後、シカクは移転することになり、それにともなって中津に足を運ぶ機会も減ってしまった。そんな今でも、たまに梅田から足を伸ばして飲みに行ってみる。
　すると、当たり前のことだが、「はなび」も「いこい」もあの頃のままの活気で存在していて、そこでお酒を飲むたびに、私は大阪に来たばかり頃の気持ちを思い出す。そして、自分と大阪の関わりあいのスタート地点のようなものとして大事に思っている二つの店が、賑やかにいつまでも営業していてくれることを祈りたくなるのだった。

【大阪はなび】　大阪府大阪市北区中津1-18-7　営業時間：月〜金17時〜2時 土日祝17時〜24時　定休日：無休
【大衆酒場いこい】　大阪府大阪市北区中津3-1-30　営業時間：17時〜24時　定休日：日、祝

まだまだ知らない大阪があると思わせてくれる酒

大阪府大東市「リカーショップおおひがし」、大阪府東大阪市「食笑」

ある日の夕方、私は住道駅へ向かっていた。住道と書いて「すみのどう」と読む。その地名は耳にしたことがあるものの、一度も降りたことのない駅である。JR京橋駅から京都府の木津まで伸びている学研都市線の沿線にその住道駅はあるのだが、学研都市線には「鴫野（しぎの）」、「放出（はなてん）」、「四条畷（しじょうなわて）」と難読駅名がずらりと並ぶ。「いま鴫野駅を通過して、次は放出駅か」と頭の中でそれぞれの読みを思い浮かべながら、自分が大阪の町に住んであっちこっちと出かけていることがなんだか嬉しくなってくる。引っ越してきた当初、大阪にほとんど知り合いのいなかった自分にとっては、こうして待ち合わせをして一緒に飲む友達がいるということがすでにありがたいことだ。

住道駅の駅前にママチャリに乗ったスギムさんの姿があった。スギムさんは「クリトリック・リス」というなんともギリギリな名前で音楽活動をしている人で、日比谷の野外音楽堂でワンマンライブを行うほどの人気者である。股間の部分にテルミンを内蔵した特製のパンツを履いただけの姿で一人で舞台に立ってマイクを握り、ポエトリーリーディングにも近いスタイルで一曲一曲に込められた物語を汗だくになって語る。その姿は奇抜というか、滑稽というか、何がなんだかわからない感じでありながら、でも純度の高い衝動がダイレクトに伝わってくるようなところがあり、何が起こるかわからないスリルもあって、一度そのステージが始まろうものなら最後まで目が離せない。

観客から差し出される酒をめちゃくちゃなスピードで飲んでステージ上の高いところに登ったりするスギムさんが一体普段どんな飲み方をするのか、私は知らない。こんな風に待ち合わせて飲みに行くのはまったく初めてのことなのでドキドキしていた。

スギムさんのママチャリについて住道を歩く。「駅の反対側の方はチェーンとかあって賑やかなんやけど、こっち側はなんもないねん。やねんけど、路地にいきなり面白そうな店があったりするんよね」とスギムさんが言う通り、住道駅の南側は静かな住宅街が延々と広がっている感じだ。

スギムさんの地元はこのあたりらしく、全国各地を過密なスケジュールでライブしてまわっている今でも、拠点を移すつもりはないそうだ。「ここ！　ここが前から気になってるんよね」とスギムさんがママチャリを停めたのは「リカーショップおおひがし」という酒屋さんの前だ。酒屋の店内でお酒を飲ませる角打ちスタイルの店らしく、店内から活気が漏れてくる。

店の中に入ってみると思いのほか奥行きがあり、店内のあちこちに作られた様々な形のテーブル席で十人近いおっちゃんたちが酒を飲んでいた。「飲み物なにしましょー」と店の大将からすぐに声がかかり、瓶ビールの大瓶をもらって二人で飲む。惣菜の並ぶ冷蔵ケースから「じゃこおろし」と「マカロニサラダ」の小鉢をもらってつまむ。

地元ではあるが、スギムさんはこの店には入るタイミングがなかったらしく、「うわー、中はこんな風になってたんやなぁ」と感慨深げである。と言いつつ、スギムさんの斜め前にいた先客のおっちゃんは近所の別の店でスギムさんと乾杯したことがある人だったみたいで、「バンドの兄ちゃんやん！　久しぶりやな」といきなり地元トークが始まる。スギムさん、いずれはこの店で飲む運命だったのだろう。

「ナオくんの後ろっかわの景色がいいわぁ」とスギムさんが撮ってくれた写真を見せてもらうと、かつては酒瓶が並んでいたと思われる棚にビニール袋に入った何かやらダンボール箱やらサイズも形状も様々なものが詰め込まれており、エネルギッシュに雑然としている。この、色んなものがごちゃごちゃっとある感じが、意外にも広い店内の敷地に反した一体感というか、密な空間を作っていると思われる。

そこに「道が全然わからなくて……遅くなりました」と現れたのはＵＮＤＥＲＨＡＩＲＺと

いうラップグループのトラックメイカーであるラミーさんだ。ラミーさんは後から飲み会に合流しようと住道にやってきたが、我々がいる「リカーショップおおひがし」は食べログにも出てこないし、食べ歩きブログなどでも取り上げられていないし、検索してもほぼ情報がなくて困ったという。この時代にもネットの細かな網の目からこぼれた店はまだまだ存在する。そしてそれがいい店だったりする。これだから酒場めぐりはやめられない。

「リカーショップおおひがし」を出て、次に向かったのは、路地の奥にあるプレハブ小屋の建物で、暗い道にいきなりそこだけ煌々と明かりが灯っている。しかし、店の中を覗いてみるとあいにく満席であきらめた。また今度来ようと思って店名をメモしておいたのだが、改めて検索してみても何も手がかりが出てこない。ここもまた、ネットに拾い上げられていない店なのか……。

気を取り直して向かったのは「食笑（しょくしょう）」という店。ここはスギムさんの行きつけの立ち飲み屋で、スギムさんのツイッターでの投稿にもちょくちょく登場しているから私も名前を聞いたことがあった。

店は全部マスターがＤＩＹで作り上げたもので、継ぎ接ぎだらけの外観から、近所の小学生に「お化け屋敷！」とからかわれることもあるとか。しかし中に入ってさえみればコンパクトで居心地のいい空間である。店内には音楽イベントのフライヤーやポスター、スギムさんをはじめとしたミュージシャンたちの写真が貼られ、その関係性の深さがうかがえる。

「ここのマスターは酒癖悪いねん」とスギムさんは言うが、まだ酒が入っていないのか、マスターはニコニコと穏やかにおでん鍋の様子を確かめている。おでんの盛り合わせをいただくと、大根にも玉子にもしっかりとダシが染み込んでいて、これ以上何を求めようかという美味しさ。注文を受けてからじっくりと煮込むえのき肉巻き、トマト肉巻きのおでんも絶品であった。「うちのおでんのこんにゃくはデカいねん。デカいやろ。これは塩で食べて欲しい」とマスターが言い、「何が『塩で食べて』や！　むっちゃかっこつけてるやん！」とスギムさんがツッコむ。この激しい掛け合いが楽しい。マスターが「塩でどうぞ」とすすめるその塩が特にこだわったものでなく、「アジシオ」なのも面白い。

スギムさんとマスターはいつもこんな感じらしく、のほほんとして見えるけど変なところでガンコなマスターに対してスギムさんがあーだこーだと茶々を入れ、マスターがそれに応酬し、笑い合いながら飲む。イタズラ好きのスギムさんにとことんからかわれても、そうやっていじられるのがマスターは大好きらしい。「色々いじられる方がおもろいやん。おもろいのが好きやねん」とマスターは終始笑顔だ。
「でもな、マスターはこう見えてバッリバリの元ヤンやで」「誰がヤンキーやねん。普通や」
「どこが普通やねん、写真見したって。マスター。あの写真よ、早く」「写真なぁ。普通やけどなぁ」とマスターが棚から引っぱり出してきた写真を見て笑った。ヤンキーどころじゃない、

もっと上位の暴力組織のメンバーかといった感じの若者がずらっと並んで映っていて、真っ黒のスーツ姿でカメラに向かって刺すような視線を投げかけているのがマスターだというのだ。どこが普通なんだ！

　スギムさんは「今日は食笑で飲む予定」とツイッターに事前に投稿していたそうで、それを見た仲間たちが続々と店にやってくる。みんなスギムさんと「食笑」のマスターが大好きで、こうして召集がかかるたびにここに集まるようだ。

　この店の中にトイレはなく、尿意をもよおしたら近所のコンビニのトイレを借りることになる。コンビニで用を足して再び店に

戻ろうと歩きながら、外にもたっぷり聞こえてくる店内の笑い声に、自分が知っている大阪なんてまだまだほんの一握りにしか過ぎないんだな、という思いを新たにするのであった。

【リカーショップおおひがし】　大阪府大東市扇町5-15
【食笑】　大阪府東大阪市加納8-370-13　営業時間：火〜金12時〜13時半 17時〜22時半 土12時〜22時半 日12時〜19時　定休日：月

東京から来た友達を迎えて朝から飲む酒

大阪市北区・天満「但馬屋」

私が住んでいる場所から天満までは遠くない。自転車で六分、歩いて二十分という感じだろうか。ＪＲ天満駅を降りるとすぐそこに天神橋筋商店街という、どこまでも終わらないかのような長いアーケード街がある。私の家から近い端っこの天神橋筋六丁目から一丁目まで、全長はおよそ二・六㎞もあるという。

ＪＲ天満駅のある五丁目あたりはいつも活気があって、五回行ったら一回はテレビ番組が〝町ロケ〟をしているのを見かける。テレビカメラを背にした西川きよしとすれ違い、「大阪にいるんだな俺は」としみじみ思ったこともある。美味しいものを食べに来た若者と、仕事帰りに飲んでいく会社員と、野菜を買いにきた生活者とがごっちゃに混ざり合っているから、ロケをするのにもうってつけなのだろう。

エリアごとに少しずつ雰囲気も違い、四丁目あたりまで行くとちょっと道幅が広くなって古本屋がちらほらあって、三丁目、二丁目まで行くと生活感が色濃くなり、銭湯があったり、美味しくて有名なコロッケの中村屋の前に人が並んでいたりする。大阪に引っ越してくることが決まった直後、まだ東京に住んでいた頃に私はこのあたりを歩き、それまで大阪と言ったら真っ先に道頓堀のド派手でアッパーな風景が思い浮かぶような自分だったから、もっと隙間があって普通に暮らしている人が歩いているようなこの町の雰囲気にホッとするところがあって、「この近くに暮らしたら楽しいんじゃないか」と思った。

天満は私にとって最初に親しみを感じた大阪の町なのだ。人通りの多い繁華街ではあるから、中には「あんな騒がしいとこよういかんわ」と言う人もいるかもしれないが、家からちょっと歩けばいつでも天満あたりに行ける、と思えることは私の心をいつも晴れやかなものにしてくれた。

実際、大阪に住むようになった自分が「大阪のどの町で一番酒を飲んできたか」と考えたら絶対に天満だと思う。ＪＲ天満駅前から天満青物市場を前身とするマーケット「ぷらら天満」あたりにかけては賑やかな店が立ち並び、少し離れると路地裏にひそやかな名店が見つかり、酒めぐりに終わりが見えない。天満に酒を飲みに頻繁に来るようになった当初こそ「よし！片っ端から飲んでいい店を探すぞ！」と意気込んでいたものの、すぐにそんなことは無理だとわかった。気になる店が多すぎて手に負えないのである。いつしか私は決まった店にばかり行くようになっていた。

その〝決まった店〟の一つが「但馬屋」だ。初めて天満を歩いた時にもこの店の前で足が止まった。その時は入らなかったが、開放感があって居心地のよさそうな店だなと思った。

それからしばらくしてようやく「但馬屋」の店内へと足を踏み入れてみると、細長い敷地で奥にも出入り口があり、つまり筒のような構造になっている店内は、なんとも居心地がよかった。壁一面に貼られた料理メニューの「ウォール・オブ・おつまみ」といった圧倒的な存在感とは裏腹に、お店の空気も店員さんの感じもスコーンと抜けがよくて、大阪に対して常にうっすらと緊張感を抱いている自分でも気楽に過ごせるのだ。

何より時間を選ばないのがいい。但馬屋は朝九時から夜遅くまで開いていて、ほぼ年中無休。いつ行ってもこの店だけは裏切らない。昼はお勤めの人たちが定食メニューを食べにきて、早い時間から酒を飲んでいる人たちと混ざっている。席もたくさんあるから、満席で入れないということもそうそうない。

また、飲み物、食べ物の安さにも目をみはる。私が通い始めた当初は三百五十円ほどだった瓶ビールの大瓶、消費税が増税された影響などもあって今では四百円に値上がりしているが、それでも相当安い。つまみも二百円台のちょっとしたものから四百円台のお腹のふくれそうなものまで様々あり、軽く一杯気分の時だろうと、何人かでゆっくり飲みたいような時だろうと、気軽に入れるのである。

さらに、ＪＲ天満駅はＪＲ大阪駅から環状線という電車に乗ってたった一駅。二分で着く。交通の便がいいので、東京から大阪に遊びに来た友達が「時間があったらちょっと飲もう」と声をかけてきてくれた時など、最高にちょうどいいのだ。実際、遠方からの友達が泊りがけで大阪に遊びにきている時など、午前中に但馬屋で待ち合わせて乾杯をし、飲みながらその後どこに行くか計画を立てる、というようなことがよくある。

そうやっていつも気楽に飲みに行く但馬屋の名物料理といえば「キムチ天ぷら」だ。その名の通り、キムチを揚げたもので、サクサクした衣を噛むとしゃきしゃきした白菜キムチが現れる、〝大人のスナック菓子〟といった人懐っこい味わい。ある時、お店で出していたキムチがたくさん余ってしまい、なんとかこれを上手に活用できないかと考えたお店の方が「揚げたらどうか」と天ぷらにしてみたことから生まれたメニューだそうだ。そう書くと簡単そうであるが、水分をかなり丁寧に切らないとうまく揚がらず、当初は試行錯誤があったという。

この店で初めて「キムチ天ぷら」を食べたのは、「酒のほそ道」でおなじみのグルメマンガ界の大家・ラズウェル細木さんと酒場ライターのパリッコさんと私、という三人で天満を散策していて立ち寄った時のことで、三人で「これは美味しい！」「ありそうでなかった味！」とはしゃいだ。それ以来、私たちの中では〝但馬屋の名物料理〟となっているが、お店としては案外ごく当たり前のメニューの一つなのかもしれない。

ラズウェル細木さんもパリッコさんも但馬屋のことを気に入って、以来、関西に来るたびに立ち寄るようになり、さらにそれぞれの仲間内にもそれが徐々に浸透して、「大阪に来たら朝から但馬屋で乾杯」というのが定番のようになった。

ある時、ラズウェル細木さんとそのお友達が但馬屋に来ているところに私も混ぜてもらい、長く飲んだことがある。但馬屋の接客は必要最低限で、どちらかというとさっぱりしているので、私はお店の方と多くの言葉を交わしたことがなかった。私たちがいつものように「キムチ天ぷら」をつまんで「これこれ！　うまいうまい」とはしゃいでいると、若き女性店員が「豚平チーズもおすすめですよ」と声をかけてくれた。もともと定番メニューとしてあった「とん平焼き」に、チーズを加えてはどうかと考えて作ったものだそうで、その女性が発案者なのだという。さらに驚いたことに、「キムチを天ぷらにしてみては？」と考えたのもその方で、他にも色々なメニューを考え出したという。「キムチ天ぷら」ファンの我々からすれば、

その生みの親である。「素晴らしいものを、ありがとうございます！」と心より感謝した。

以来、私たちはその店員さんを「但馬屋のお姉さん」と呼んでリスペクトしており、お姉さんも私たちのことを覚えてくれたのか、ラズウェル細木さんと但馬屋に飲みにいくたびに「お久しぶりですねー」と話しかけてくれるようになった。それで私は、「よく行く但馬屋にいよいよ顔を覚えてもらってしまったぞ」とちょっと嬉しくなったりしたのだが、お姉さんが笑顔で話しかけてきてくれるのはラズウェル細木さんと一緒に飲んでいる時だけなのだ。私など、単体ではまだまだ力が足りないようだ。

　但馬屋にはいくつか謎がある。例えば、壁一面のメニューの中でも一際目を引く「エチオピア」という名のおつまみ。エチオピアのご当地料理ではなく、注文すると豚足が出てくる。「なんで？」ということになるのだが、聞いてみると、一九六〇年のローマ五輪にエチオピア代表として出場したマラソン選手・アベベの金メダルの大活躍に感銘を受けた店主が、アベベが裸足のランナーとして世界に衝撃を与えたのにあやかって、足といえばアベベ、アベベと言えばエチオピア！とこじつけてその名に決めたのだとか。いやいや、わかるわけがない。

しかし、簡単な理解を拒むようなひねくれた冗談をそっと忍ばせたりするのが大阪の居酒屋という気もする。他にも「イヤリング」「フェイス」というメニューがあって、ある時、「イヤリングって、これはなんなんですか?」と聞いてみると、「そこに書いてありますわ」と卓上のメニューを指さされた。なるほど、壁のメニューには「イヤリング」としか書かれていないが、パウチされたポップな卓上メニューの方には「イヤリング（ミミガー）」「フェイス（豚の顔）」とカッコ書きがある。その横には「エチオピア（豚足）」とある。もはやネタ晴らしを楽しむ風でもないのが面白い。

あとそうだ、トイレの男性の小用便器の受け皿のところに大量の氷が敷いてあって、いつも「なんでなんだろうな」と思いながら用を足す。飛沫を防いだり、防臭効果があったりするかららしいのだが、なかなかに斬新なアイデアではないか。用を足しているとカラコロと氷が溶けてぶつかり合う音がして風流……ではないけど、なんだか面白い。

【但馬屋】大阪府大阪市北区天神橋4-12-5　営業時間：9時～24時　定休日：なし

道路脇で分厚いマグロを食べながら飲む酒

大阪市都島区・京橋「とよ」

長い商店街が延び、その周辺にキリがないほどの居酒屋がある一大歓楽街の天満。JR大阪駅から外回りの環状線に乗ると、天満、桜ノ宮、京橋という順に電車が停まる。私は桜ノ宮駅のあたりに住んでいて、つまり、天満の反対側の隣駅が京橋ということになるのだが、この京橋というエリアがまた、天満に負けず劣らず活気のある飲み屋街なのだ。

飲食店がひしめきあう町でありつつも、どこか生活感が漂う天満に比べ、京橋はもっと猥雑な町という感じがする。駅からある程度離れると一気に住宅地の雰囲気が広がってはいるのだが、駅前のやたらビカビカした感じにはいつ行っても圧倒される。

駅の北口を出るとすぐ串かつ屋の派手な看板が目に入り、ガールズバーの呼び込みに声をかけられる。サウナやパチンコやカラオケが一棟に集結した一九七一年オープンの老舗レジャービル「グランシャトー」がそびえ立ち、入り組んだアーケードをあっちこっちと歩いていると古めかしいラブホテルや風俗店が現れたりする。その印象からか、天満よりも欲望のギアが一段階上がった町のように感じる。

　ふと視線を上げると「ＰＡＣＨＩＧＩＮ」とアルファベットが並ぶパチンコビルの屋上に真っ白い自由の女神像が立っており、それとは別にもう一つ、国道一号線沿いの、キャッシングだのキャバレーだのの大きな広告が掲げられたビルの屋上にもまた自由の女神像が立って町を見下ろしている。二つの像は徒歩数分の近さで、こんな近距離に二体の自由の女神が立っているのは世界中でここだけなんじゃないかと思う。ニューヨークよりすごい。

　北口から東側に歩いていくと「立ち飲みストリート」とも呼ばれる一画があり、それほど広くない敷地に立ち飲み屋がいくつも並んで、どの店も賑わっている。大阪に引っ越してきた当初、朝早く子どもを京橋駅近くの幼稚園まで送っていった帰りにこのあたりを通ると、すでに店が開いていて酒を飲んでいる人がたくさんおり、思わず吸い込まれそうになった。しかし、「子どもを幼稚園に送るなり立ち飲み屋に突入って……それでいいんだろうか」と、こんな私でも良識みたいなものがあって、ギリギリのところで思いとどまった。それ以来、幼稚園帰りにはこのあたりに近寄らないことにした。酒が飲みたくなるから。

　その立ち飲みストリートの中で私が好きなのが「まるしん」という店で、横長のカウンターの前にいつ行ってもびっしりと人がいて、「今日は無理かな」と店の外から眺めていると「兄ちゃん、行けるで！　入り入り！」と大将が大きな声で呼び入れてくれる。先にいたお客さんも気をつかって右に左にと場所をあけてくれる、気さくな雰囲気。この店では、初めて来た客に湯豆腐がサービスされるのだが、まさにそのようにして初回訪問時にいただいた湯豆腐のダシが本当に美味しくて、その時点で「この店では何を注文してもきっとうまいはず」と確信した。そういえば、大阪に来て居酒屋で湯豆腐を注文したら、甘みのあるダシにひたった豆腐にとろろ昆布が乗ったものが出てくることが多くて、それまでの自分の中のイメージでは温まった豆腐に醤油をかけて食べるものだと思っていたので驚いた。「まるしん」の湯豆腐も関西風のダシに豆腐が入ったもので、汁もの感覚で味わえる。

「まるしん」は店の大将のしゃべりも楽しい。「兄ちゃん、鬼奴って芸人さん知ってるか？椿鬼奴、親戚やねん、応援したってやぁ」といきなり驚くような名前が出てきたかと思うと、「なんでも美味しいでぇ、うちの店も応援してやぁ。今日はお刺身いいの入ってるで」と流れるようにおすすめの品を教えてくれる。

ある時に隣あったお客さんは台湾の方で、日本に来るたびに大好きなこの店に立ち寄るんだと言っていた。海を越えた先にも常連さんがいる名店なのである。ひっきりなしにお客さんが来るので長居せず、サッと一杯か二杯飲んで去るようにしているが、いつも外に出る時には明るい気持ちになっている。

そのまるしんの大将が「兄ちゃん、『とよ』いう店知ってるか？　ここの裏。あっこもうちの親戚やで、行ったってやぁ」という、その「とよ」のことを書きたい。

「とよ」は、まるしんの裏手に広がる墓地の脇にあって、〝店〟と呼ぶより〝屋台〟と呼ぶ方が似合うような、壁のないオープンエアなスペースである。夏は大型の扇風機が、冬は電気ヒーターが設置されはするが、とはいえ、もちろん夏は暑く、冬は寒い。しかし、それにもかかわらず、常に行列が絶えなくて、お祭りの屋台のようなアッパーな空気に包まれている。

　店名はこの店の店主・筑元豊次さんのお名前から取ったものだそう。店主は鹿児島県の奄美群島の一つである喜界島の出身。十五歳の時に集団就職で大阪に出てきて、当初は機械工として働いていたが、徐々に飲食業界に興味を持ち、もともと駐車場だったスペースを活用して始めたのが今の「とよ」なのだという。

　この店の特徴は活きのいい魚介類がこれでもかとたっぷり食べられる点で、二千四百円の「赤身一人前コース」は二〜三人で分けても多いぐらいのボリュームである。確かに「一人前」と書いてある

のだが、相当気合を入れないと一人では食べきれないだろう。

市場から質のいいものを仕入れて、ある程度の値段を取ってセットにし、そのかわりボリュームたっぷりにして満足してもらおうというのがこの店のスタイルで、それでも店主いわく、原価スレスレの価格設定だそうだ。

前述の「赤身一人前コース」は、「マグロ」と「うにいくら」が大皿に乗ったものと、「貝とカニの酢の物」がセットになっている。これがどれも旨いのだ。軍艦に乗ったうにもいくらも、こぼれんばかりの太っ腹な盛り。粗く切った小ネギがドサッと乗った「貝とカニの酢の物」も私は大好きで、それをつまみながら瓶ビールを飲んで、改めて周囲を見渡し、自分が墓場の脇の空き地みたいな場所にいることを確かめてはニヤニヤしてしまうのだ。

もう一つの名物は店主自身である。「こんなテンションで疲れ果てないんだろうか」と心配になるほどの高エネルギー状態でずっとしゃべり続けている。また声がデカい。突然「うおう！」と雄たけびをあげかと思えば、「今日のフグは最高やぁ!!　最高のフグ食べさせたるでぇ！」と叫んだりする。お会計を終えて帰っていく客を

「おう！　また来てやぁ！　ありがとぉぉぉう！」と大声で見送り、沿道にはみ出しかけた客に「気をつけてやぁ！　後ろ！　車通るでぇ！　死んだらうまいもん食われへんで！」と注意を促す。

単品メニューの「マグロほほ肉の炙り」も絶品なのだが、この〝炙り〟のパフォーマンスが見もの。焼き網の上に大ぶりのほほ肉をゴロゴロ並べ、店主自らがガスバーナーで炙っていく。そのバーナーの火力がすごくて、ジェット噴射かというような大きな炎が轟音とともに飛び出し、火に包まれたほほ肉から白煙があがる。店主は「うおお！」と叫びながら、脇にある氷水

の入った容器に右手を突っ込み、素手でほほ肉をひっくり返していく。その際もガスバーナーのジェット噴射は出しっぱなし、炎の中に自らの手を差し入れ、時には頭部まで火にあおられる。「熱くないんだろうか」と不思議になるが、実際、熱いそうである。この炙りが始まると客はみんなカメラを向け、無事ほほ肉が焼き上がって店主が親指をつき出しニッコリ笑って「グー！」というところで拍手が起きる。この流れが定番。これはもはや調理を超えた「ショー」なのである。

ある時、この店で飲んでいると、私と相席になった男性がいきな

りお酒を一杯ごちそうしてくれた。「え!」と驚きつつもありがたくいただくと、その男性もまた、私が来る前にいた向かいのお客さんからお酒をごちそうになったのだとか。「兄ちゃんも気が向いたら誰かに〝恩送り〟してな」と言って男性は去っていった。客同士で恩の送り合いが自然発生するのは、この店の祝祭的な雰囲気あってこそだと思う。

「さん、にい、いち、ゼロー! 新年あけましておめでとうございますー!」と、年越しカウントダウンの会場で年が明けた瞬間、見知らぬ人同士でも「あけましておめでとうございます!」と笑って言い合えるような感覚に近い。ここ「とよ」は、暦に関係なく、常に新年あけましておめでとうのムードが充溢しているのだ。

一人で来るよりも友達数人とボリュームたっぷりのつまみを分け合いながら飲むのが楽しいようなお店だし、いつも大繁盛で入店まで待つこともあるから、私にとっては普段ふらっと来るような店ではないのだが、たまに来ると、そのたびに「こんなすごい店、他にないよな」とつくづく思わされる。大阪にこんな居酒屋があるということを誇らしく思えるような店、それが「とよ」なのである。

【京橋居酒屋 とよ】 大阪府大阪市都島区東野田町3-2-26 営業時間:火・水・金15時半~21時 土14時半~20時 定休日:月、木、日、祝

東京でしか飲めないと思っていた酒

大阪市中央区・淀屋橋「江戸幸」

東京から大阪に引っ越してきて困ったのが、居酒屋にホッピーが置かれていないことだ。東京の大衆酒場ではホッピーばかり飲んでいたので、大阪にあまり普及していないことを知って寂しい気持ちになった。前述した中津の「大阪はなび」など、ごく限られた店でしか見かけない。

とはいえ、最近（二〇二〇年時点）の大阪には以前に比べてホッピーを扱うお店が増えてきていて、梅田エリア、難波エリアなどでちょっと凝ったお酒やおつまみを出す立ち飲みなんかをのぞくとメニューにその名が見つかるようになった。

特に大衆酒場ブーム以降、三重県の酒類メーカー・宮崎本店の「キンミヤ焼酎」が割り材を選ばぬ使い勝手のいい甲類焼酎として注目を集め、関西方面へも普及し出したのが大きい気がしている。キンミヤ焼酎を扱う店であれば、キンミヤ焼酎とホッピーとの相性のよさも目に入り、セットで提供するようになる、というような流れがありそうだ。

私の住まいの近くに大型のリカーショップがあるのだが、大阪に越してきた当初の二〇一四年頃は、ホッピー自体は販売されていたものの、キンミヤ焼酎を取り扱っておらず、ホッピーはそこで買い、キンミヤ焼酎は別に通販で買って、ようやく家で自分が求める味のホッピーが飲めた。やはり、ホッピーにはキンミヤ焼酎をあわせないと完璧な美味しさにならないように思う。

　前述の通り、そんな状況も徐々に変わってきつつあり、大阪でもホッピーが飲める店がちらほら増えてきてはいるのだが、ホッピーを美味しく飲ませることに労力を割いている店までとなるとなかなか見つからない。私はお酒全般に関して、かなりルーズ、よく言えば柔軟な方で、どんなお酒がどんな風に提供されようと、お酒でありさえすればありがたいと思うのだが、ホッピーだけはいわゆる〝三冷〟で飲むのがやっぱり美味しいと思ってしまう。

　ホッピー自体を冷やし、キンミヤ焼酎も冷やし、ジョッキも冷蔵庫で冷やして、氷を入れずに割るスタイル。氷が入るとホッピーが薄まってしまい、なんだかビールがしゃばしゃばになったような心細い味わいになってしまう。いや、氷で薄まったホッピーもそれはそれで好きだし、ちょっとぬるめのホッピーにも味わいがあったりするのだが、一番美味しい飲み方となると、その〝三冷〟のキンキンに冷えたやつに違いない。

　しかし、ホッピーを美味しく飲ませるためだけにホッピーの瓶とキンミヤ焼酎とジョッキを冷やしておくということはお店にとって煩わしいことだろう。そんなことをお店に求めるのはわがままだ。「いいんだ、東京にたまに行った時にそういう店を探してキンキンのホッピーを飲めばいいんだし……」とあきらめかけていたその時、出会ったのが淀屋橋の江戸幸だった。

　江戸幸は大阪メトロの淀屋橋駅と北浜駅のどちらからも近い場所にあるのだが、そのあたりはオフィス街で、ビルが立ち並び、スーツ姿の人々が行き交うような一角。ガヤガヤした下町、というのではなく、夜になると静かになるようなエリアだ。江戸幸はビルの一階の、通路を奥に進んで行ったようなところにひっそりとあって、「あれ？　自分には分不相応な、ちょっと高級な店なのかな」と最初は不安になった。

　しかし、入ってみれば落語好きの店主が気さくに迎えてくれるあたたかな雰囲気の店で、緊張はすぐにほどけていく。創業から四十年近くになるというこの店、ホッピーの製造元であるホッピービバレッジ社がまだコクカ飲料という名前で営業していた三十数年前から、ホッピーを提供していたという。

　そのきっかけはこうだ。店を始めたばかりの頃、甲類焼酎を大量に仕入れたはいいが、あまり減っていかない。どうしたものか、何かみんなが面白がって注文するような甲類焼酎の飲み方はないものか、と店主が考えあぐねていたという。そこに常連客がやってきて、「そういえば東京へ出張に行った時、浅草でホッピーというものを飲んだ」と、そんな話を店主に聞かせたそうである。「甲類焼酎をビールみたいな味のもので割って飲むらしい」というのに興味を持った店主はほどなくして自ら東京へおもむき、浅草でホッピーを飲んでみた。

その時、「馬のしょんべんみたいな味やな」と思ったそうである。まったく美味しいとは思わなかった。なのだが、変わり者とか頑固者を意味する大阪弁である「へんこ」を自称する店主は、その変な飲み物に着目し、これをもっとしっかり美味しく飲めるようにしてみようと発起したのだという。

大阪に帰って早速ホッピーを取り寄せ、色々な飲み方を試してみた。氷を使うと風味が一気に薄まることに気づき、ホッピーと焼酎自体を冷やすこと、ジョッキを冷やしておくことを自然にあみ出していったそう。ちなみに江戸幸では、ジョッキは冷蔵庫ではなく冷凍庫で冷やされていて、ホッピーを頼むと表面に霜の張ったジョッキが出てくる。これは〝三冷〟をさらに進化させた〝二冷一凍〟というスタイルなのだと店主は語る。使う甲類焼酎も、やはりキンミヤ焼酎が一番だということになり、切り替えていったそう。つまり東京の下町酒場から遠く離れたここ大阪で、飛び地的に洗練されたホッピーの飲み方が生まれていたわけである。
ここのホッピーの美味しさはホッピー社のお墨付きで、社長が大阪

に来るたびに店に立ち寄り、「日本一美味しいホッピーを出す店はここかも」と酔った勢いで言うほどだそう。「〝ホッピー大使〟いうのに任命したいて社長に言われて、もらえるもんならもろとくわーって、これ」と「ホッピー大使就任状」という書面を店主が見せてくれた。その「ホッピー大使」に任命された初めてのお店がこの江戸幸なんだとか。

店主がじっくり焼き上げる串焼きや、紅しょうが入ってダシのしっかり効いた「大阪オムレツ」、ホクホクの「クリームコロッケ」などのおつまみはどれも絶品で、それと一緒に味わうからか、はたまた、この店の優しいムードの中で飲むものだからか、色々な理由が噛みあわさっているのだろうけど、確かにこの店のホッピーは特別に美味しい気がする。

また、ホッピーを注文すると必ず店主が白ら注いでくれるのもこの店ならではで、ドバッと勢いよく注ぐ「ドバイ」、回転させながら注ぐ「トルネード」など独自の注ぎ方を目の前で実演してくれる。そしてホッピーが注ぎ終わるタイミングで必ず「はーい、上手に入ればぁ、小指がピーン！」と言いながら指を立てるパフォーマンスが行われ、冷静に考えると意味がわからないのだが、いつも笑ってしまう。

「なんかした方がおもろいやん」と理由で始まったというこの一連の流れが気分を高めてくれるからか、江戸幸に来た時はいつもかなり酔っ払う。トマトリキュールをホッピーで割る「トマピー」も美味しくて、後半はいつもそれをグイグイと飲むから酔うのかもしれない。トマピーはジョッキのふちに塩がつけてあって、これは「バハマ産の塩」なのだとか。「色々と塩を食べ比べてそこにたどり着いたんですか？」と店主に聞いてみたら「いや、そういうわけやないけど、なんか響きがええやん！　バハマって」と笑っていた。

東京の古くからある酒場でホッピーを頼むと、濃い茶色のリターナブル瓶が出てくる。あのゴツくて朴訥とした瓶が私は好きなのだが、リターナブル瓶は回収して繰り返し使用するためのもので、それが採用されている範囲はホッピー社のある関東エリアに限定されている。それ以外のエリアでホッピーを提供する店では、ワンウェイ瓶という、酒屋で一般にも買えるのと同じものを使っていて、ここ江戸幸のホッピーももちろんそのワンウェイ瓶だ。

茶色いホッピー瓶もいいけど、江戸幸の店主がワンウェイ瓶を握って格別に美味しいホッピーを作り上げる姿が、なんだかかっこよく思えて私は大好きである。

【江戸幸】　大阪府大阪市中央区平野町3-1-7　大阪屋セントラルビル1F　営業時間：昼11時半〜13時15分　夜17時半〜22時　定休日：土、日、祝

あべのハルカスのふもとで体温を感じながら飲む酒

大阪市天王寺区・天王寺「種よし」「半田屋 アベノ地下センター店」

天王寺駅は〝大阪の南の玄関口〟と言われる。北の玄関口は大阪・梅田エリアで、南が天王寺だ。大阪駅と天王寺駅はJR環状線で結ばれていて、電車に乗り込んで二十分ちょっとで着くぐらいの距離感である。以前、天王寺で終電を逃し、酔った勢いで大阪駅のあたりまで歩いて帰ったのだが、意外にも一時間半ほどで着いてしまった。東京の山手線と違い、大阪の環状線の輪っかは結構コンパクトなのだ。

その天王寺、〝玄関口〟なだけあって、環状線のほかにJR阪和線、JR関西本線が乗り入れ、和歌山県や奈良県方面への起点となっているし、大阪メトロの御堂筋線と谷町線が通っていて、すぐ近くには近鉄南大阪線の大阪阿部野橋駅があり、乗り換え客があっちからこっちへと行き交うターミナルになっている。

大阪では梅田と難波に次ぐ繁華街で、JR天王寺駅には「天王寺ミオ」というショッピング施設が隣接し、すぐ近くには地上三百メートルの高さを誇る超高層ビル「あべのハルカス」がそびえ立つ。他にも「あべのキューズモール」、「あべのＨｏｏｐ」などのショッピング施設が近いエリアに集中していて、いつも賑わっている印象。

私自身、「あべのハルカス」には何度も来たことがあって、とんでもない高さの展望台から大阪の町を一望したり、「あべのハルカス美術館」で開催されている大規模な展覧会を鑑賞したり、お世話になってはいるのだが、いや、しかし、未だにこのホチキスの芯みたいなビルにそれほど愛着を抱けないでいる。

その「あべのハルカス」の反対方向、天王寺駅から「天王寺動物園」へと続く道も二〇一五年に「てんしば」というすっきりした今風の芝生エリアに整備され、まあそれはそれで快適なのだが、どこか面白味のない空間という感じがする。

天王寺駅周辺は長期的に再開発の手が加わっている過程にあって、これからも少しずつ変貌を遂げていくのだろうが、その隙間に奇跡のように残っている「阪和商店街」が私は好きだ。阪和商店街は、大阪大空襲で焼け野原となった後に生まれた闇市を起源に持っていて、最初にここに入り込んだ時はその薄暗さに驚いた。見上げると古びた色合いの天蓋からぼんやりと光が入り込み、狭い通路に右から左から覆いかぶさるように飲食店の看板が突き出しており、昭和を舞台にした映画のセットみたいに見えた。

私が大阪に引っ越してきた二〇一四年頃の阪和商店街は営業しているお店が歯抜け状に少な

くなっていて、このまま寂しい場所になっていくのだろうか……と思ったりもしたが、ここ最近、空き店舗だったところに新しい店がどんどん入り始め、〝裏天王寺〟と呼ばれて若い人たちにも人気なのだという。そう聞くと、「なんだ、みんな『ハルカス』とか『てんしば』みたいにピカピカした方向だけじゃなくて、薄暗くてガヤガヤした場所も求めてるんじゃないか」と、なんだか心強く感じる。

さて、その阪和商店街の中ほどにあって、このあたりのシンボル的存在になっている立ち飲み居酒屋が「種よし」である。「種よし」がこの地にオープンしたのは二〇〇六年。それにしてはだいぶ歴史を感じる外観だと思ったら、五十年近く前から同じ場所にあった同名の店を建物ごと引き継ぐ形で始まったのだとか。

もともとサラリーマンだった店主がかなりの食通で、出張先や旅行先で美味しいものを食べ歩くのが好きだったという。定年退職をきっかけに、いよいよ夢だった居酒屋をオープンした。それがこの「種よし」なのである。店主が食べてきた国内外の旨いものをなんでもかんでもメニューに取り入れるのがこの店のスタイルで、それ

ゆえ天井からはおびただしい数のカラフルな短冊メニューが吊るされ、圧巻の光景を生み出している。

それらのメニューを目に入ったままに並べていくと「肉もやし炒め」「ふなずし」「アスパラベーコン」「ハタハタ焼き」「ゴーヤチャンプル」といったように、雑多で節操がなくて最高だ。その中には「イモリ干焼き」「ワニ唐揚げ」といったものも平然と混じっていて、「えっ？」と二度見してしまう。定番も珍味もひっくるめてなんでもありな店。メニューの数はお店の方も把握できないそうで、「うーん、二百〜二百五十ぐらいはあるんちゃうかな」とのこと。

決して広いとは言えない店内のスペースに、いつもギュウギュウにお客さんが入っている。そこにまた外から「三人いけるー？」と入ってこようとする客がいれば、「はい！　いけるよー！　そこの兄さんたちつめてー！」とビシッと通る声でテキパキとさばいていくのがこの店の名物女将である。エネルギーの塊のような女将。時には厳しく客をあしらうが、最後はニコッと笑って「また来てよー！」と送り出してくれる。いつも熱気あふれる店内のムードは、女将が全身から発する熱量から生まれているんじゃないかと思う。

年の瀬、十二月二十八日にこの店を訪れたことがある。年内の営業はその日で最後ということだったが、いつものようにぎっしりと人がいて賑わっていた。二十代前半かと思われる若い男性三人組が私のすぐ隣にいて「やばっ！　メニューに『サソリ唐揚げ』ってあんで！　みんなで食おうや」「イヤや！　俺は絶対ムリ！」「食おうやぁー！　どんなんか気になるやん」「どんなんって、そら、サソリの唐揚げやろ！　スマホでサソリ検索したらいいだけやん」みたいにやり取りしたあげく、人数分の「サソリ唐揚げ」を注文していた。ほどなくして運ばれてきたそれを私は初めて見たのだが、思ったよりも完全にサソリそのもので笑いそうになってしまった。「うわっ！　これ絶対ムリや！　衣で隠れてないやん！　まんまサソリやん！」「やっぱいなー！　でももういくしかないで」と、その後、結局どうしても一人だけ食べる勇気が出ずにいたところ、少し離れた場所にいた女性客が突然「それ、無理なんやったら食べていい？　私、好きやねん」と入ってきて、「ええっ、ほんますか……どうぞどうぞ」「やった。いただきますー」とポリポリかじりつき、三人組から拍手されていた。それを横目でみている私は、サソリでもイモリでもなく、ごく普通に「ポテトサラダ」なんかをつまみながら飲んでいたのだが、活気のおすそ分けをもらったような気持ちになった。

　会計をし、店を後にしようとすると女将が外に出てきて「ありがとうございましたー！　よいお年を」と言いながら、火打ち石でチッチッと火花を散らして「これでいい一年になるよー」と笑顔で送り出してくれた。私は、「この女将が言うんだからきっといい一年になる」と思った。

それから数日後、正月の天王寺にまた私はいた。東京から遊びに来た友人と奈良の方を散策し、大阪に戻ってきたところで締めの一杯を飲む居酒屋を探していたのだった。もちろんその時も阪和商店街を通り、「種よし」をのぞいたのだが、まだ三が日だというのに大繁盛。ここに入れてくれというのもさすがに悪いなと、他を探すことにしたのだが、そもそも営業しているお店がほとんどない。

「仕方ない、チェーン店でもいいからとりあえず入ろう」と、なんの気なく地下へと続く階段を降りた。そこには「あべちか」という地下街が広がっていて、ＪＲ天王寺駅まで通路がつながっている。「ここを通って駅の反対側にでも行ってみるか」と歩いていたら、この「あべちか」にも色々な飲食店が入っていて、のれんの出ている居酒屋もあるではないか。

そうやってたどり着いたのが「半田屋 アベノ地下センター店」だった。長いカウンターだけの店で、通路と店内とは壁で仕切られておらず、のれんで分けられているだけだ。「あべちか」が「アベノ地下センター」という名称で開業した一九六八年当初からこの場所で営業を続けているというから創業五十年以上になるわけだ。

朝十時から夜十時まで、地下街の定休日以外はいつでも営業しており、時間帯によって年配客から仕事帰りの人々まで変わるがわる訪れるそう。この日は入店した時間が遅くておつまみはあらかた売り切れてしまっていたが、後日改めて行きなおしてみると、木津市場から毎日仕入れているという新鮮な魚をたっぷり味わうことができた。岡山県の日生から直送される牡蠣を使っているというカキフライも美味しかった。また、おすすめされたどて焼きの風味はどこか上品さを感じさせるもので、この店と古くからの付き合いだという大分の蔵元、小手川酒造の「宗麟」という日本酒ともよく合った。

適度に開放感があって居心地がよく、ついつい長居してしまいそうな店。どんどん開発されて整然とした町になっていくように見える天王寺にもまだまだ落ち着ける場所が残っているものだな、と、この店を知れたことが嬉しくなった。以来、「種よし」からの「半田屋」という流れが、自分の中にゴールデンコースとして刻まれたのである。

【種よし】　大阪府大阪市天王寺区堀越町15-13　営業時間：16時～24時　定休日：日
【半田屋 アベノ地下センター店】　大阪府大阪市天王寺区堀越町13　アベノ地下街　営業時間：10時～22時　定休日：隔月第3火（「あべちか」定休日に準拠）

大阪酒日記その1

天満〜中津〜新今宮〜中津〜京都〜西九条〜立花

ある日。

大阪・中津にあるミニコミ専門書店「シカク」（現在は大阪・西九条に移転している）の店番の仕事。今日は珍しくお客さんがひっきりなしに来て、なかなかに忙しかった。働き疲れた帰り、どうしても飲みに行きたくなり、Cさんに声をかけてみる。「軽くなら行けます！」との返事があり、天満駅で待ち合わせ。

今日はちょっと思い切って初めて入る店にチャレンジしてみようということになり、商店街から離れた少し静かな一角にある「居酒屋もりもり」という店へ。店内へ入ると、細長い敷地の奥に向かってカウンターが伸びている。先客はおらず、我々が入っていくと割烹着姿のおかみさんがパッと席を立って歩いてきて、店の中ほどに置かれているCDプレイヤーを止めにきた。流れていたのは「ゆらゆら帝国」のアルバム『空洞です』だ。「いや、ゆらゆら帝国、僕も好きなので止めないで大丈夫ですよ」と言うと、「じゃあ、いいですか、かけておいても」とカウンターの中に戻って行った。「どうしてだか、この音楽が好きなんです。自分が変態なのかと思って、不安になるけど……」と、恥ずかしそうに言っていた。「いやいや、全然そんなことないです！」と言いつつ、割烹着姿の「ゆらゆら帝国」の取り合わせはちょっと妙で、面白く思えた。おかみさんが出してくれる抜群にうまいお通しを食べながら、大好きな曲「できない」とかを聴くひととき、最高である。しかしこの店、壁を見ると演劇系のチラシが貼ってあったりして、よくよく聞けば、店内で小劇団が演劇を上演したりすることもあるんだとか。やっぱりおかみさんは少し変わった人なのかもしれない。あれこれ話しているうちに明るい気持ちになり、二十三時頃解散。

ある日。

　東京から大阪に遊びに来ているＴさんが中津「シカク」まで遊びに来てくれた。久々に会えてうれしい。十九時に店を閉め、飲みに行くことに。前々から気になっていた「３ちゃん屋」というたこ焼きの屋台へ行ってみる。地下鉄中津駅の近くにあって、日中は何もないスペースに夕方になるといつの間にか現れる屋台が「３ちゃん屋」で、マンガ『孤独のグルメ』にも登場したことがあるとの噂を聞いた。これまで屋台の横を何度も通りかかったことがあり、そのたびにシートの向こうに楽しそうに飲んでいる人の姿が見えて、いつか行ってみたいと思っていたのだが、常連さんが多そうで一人で飛び込む勇気がなかった。今日はＴさんと一緒なのでいい機会。思い切って入ってみれば、くしゃっとした顔で笑う大将がいいキャラで、「いらっしゃーい、飲んでってー！」と明るく迎えてくれる。メニューはたこ焼きとセルフでクーラーボックスから取ってくる缶ビールと缶チューハイのみ。たこ焼きは一皿十五個入りで五百円。缶ビールも缶チューハイも一缶五百円。酔った状態でも簡単に計算できる分かりやすい価格設定だ。

　大阪でたこ焼きを食べるまで、たこ焼きと言えば「外はカリッとして中がふわふわでタコが

でっかい」という、まん丸の形のものがよしとされていると思い込んでいた。みんなそういうたこ焼きが好きで、当然、大阪で美味しいといわれるたこ焼きはその路線を極めたものなんだろうと思っていたのだが、全然違った。大阪ではたこ焼きは「家で食べればいいもの」だったり「おやつがわりに適当に買ってくるもの」だったりして、つまり、「こうじゃなきゃいけない！」みたいなこだわりから遠い食べ物だと認識されているらしいのである。だから大阪の人に「どこのたこ焼きが美味しいですか？」と聞いたりしても、相手をすごく困らせることになる。「どこが美味しいとか、特にないわぁ」みたいな回答が多いはず。ここ「3ちゃん屋」のたこ焼きも「最高！　ここのたこ焼きが一番だ！」みたいなものではなく、すごく親しみやすい、家庭的なものである。もちろんうまい。ビールがグングン減る味だが、調子に乗って何缶も飲むと結構な金額になってしまうので気をつけつつ飲む。それにしても、お話し好きの大将の話題がずっと下ネタである。飛田新地がいかにすごいかという話を二人で「へー」と聞きつつ過ごす。

ある日。

大阪に出張して来ているというWさんから声をかけてもらい、西成エリアで飲むことに。東京に住んでいるWさんだが、西成が大好きでかなり昔から通っているらしく、今日は完全に身を任せて案内してもらう。新今宮駅近くで待ち合わせし、自分にとってはまだ少し歩くのに緊張するエリアをずんずん進んでいくWさんの背中を追いかけて歩く。いきなり「きらく」という外観からしてたっぷり味の染みた店へ。瓶ビールを飲みながら「ホルモン中華そば」を食べる。三百円。外から時おり生ぬるい風が入ってくる。瓶ビールのグラスはカップ酒の空き容器だ。ホルモンの脂が溶け込んだ甘じょっぱいスープ。ふにふにした食感の中華そば。いいなあ。

次は、おでんの「深川」へ。以前からブログなどで見て行ってみたかった店だ。路地裏にあり、一人では緊張して行けない雰囲気。店内にも席があるみたいなのだが、そこにはすでに先客がいて、我々は店の外、路地に面して置かれた台の上で立って飲み食いする。おでんをつまみつつ瓶ビール。ダシのしみた大根、めちゃくちゃ旨し。Wさんと「いかに働かずに生きるか」という話をする。最初は緊張したけど、一度入ってみると（まあ、店の外だけど）スーッと気持ちがなじみ、そうしてみると静かですごくいい空間である。

その後、Wさんの案内で飛田新地の様子を見る。昨日、中津の「3ちゃん屋」の大将に「すごいでー！　あそこはとんでもないで！」と熱弁された場所に、もう来ることになるとは。もちろん、さっと通り過ぎただけだが、ピンクの明かりに照らされた場所に座っている女性たちに手をふられ、気恥ずかしくて目を合わせることができなかった。二百軒ぐらいの〝料理屋〟がこのエリアにひしめいているのだとか。足取りのおぼつかない高齢の方が店からちょうど出てきて、女性に靴を履くのを手伝ってもらっているのを見て「ほー」と驚く。

散策を終え、「難波屋」でもう一杯。ここには何度か来たことがある。いつ来ても活気あふれる名店である。しばし談笑して解散し、酔いを醒ますために天王寺まで歩いて「種よし」前の風景を写真に撮って帰る。

ある日。

週刊誌の居酒屋取材中、隣席で飲んでいるお客さん同士の会話が聞こえてきた。

「わたしレンコン嫌いやねん」

「なんでや！　レンコンには穴が開いとるやろ。レンコン食うたら明日が見えるで」

「明日が見えてしまうからあかんねん」

と、そんなやり取りが一瞬の間もなくハイスピードで交わされていた。大阪、やはりすごい。

ある日。

強い眠気を押し切って「シカク」に店番をしに行く。黙々と仕事をする。十七時過ぎにライターのHさんとマンガ家のSさんが店に寄ってくれる。二人とも東京から今日大阪に来たらしい。少し早めに店を上がらせてもらい「いこい」で飲む。途中から大阪に住むGさんも合流。いつもながらいい雰囲気の店内。今日はちょうど広島東洋カープが二十五年ぶりの優勝を決めるかどうかの瀬戸際の日だそう。もし広島が中日戦に勝って、さらに二位の巨人が阪神戦に敗れたらその時点で広島の優勝が決まるそうで、どちらの試合の行方も重要なのである。入口付近に置かれたテレビでは阪神‐巨人戦の模様が映し出されている。

　店内のあちこちのお客さんがじっと試合の展開を見守っていて、たまに歓声があがる。「いこい」には何度も飲みに来ているが、こんな一体感を感じるのは初めてのことだ。七回の終わりまで阪神が一点差でリードしており、このままいけば広島の優勝が決まりそう。いいペースで酒を飲んでいるHさんが「今日もし広島の優勝が決まったらこの勢いで新幹線の最終に乗って広島に行きましょう！　きっと街がすごく賑やかですよ！」と言い出す。「みんなの新幹線代は僕が出しますよ！」と、すごいテンションである。「今から？」と驚いたが、でもちょっと想像してみると、広島の優勝に湧く町に行って遅くまで町を飲み歩くなんて、かなり楽しそうだなと思ってドキドキしてくる。しかし、テレビを注視していると、八回表に三ランホームランを打たれて阪神がまさかの逆転負け。広島の今夜の優勝は無くなった。一瞬の夢があっけなく散った。まあでも、四人で新幹線のボックス席に乗って酒盛りしてる楽しい場面が想像できただけでも楽しかった。

　パッと気持ちを切り替え、「いこい」を出て、地下鉄を乗り継いで谷六の「そのだ」へ。東京や大阪の下町にあるような大衆酒場の名店を今の解釈でリミックスしたようなこの店、雰囲気もいいし、つまみもいちいち凝っていてそして安い。店の自慢の中華そばをみんなで分け合って楽しい夜。解散後、家へ向かって帰りながら、「もしかしたら今ごろ広島にいた可能性もあったのか」と思うと不思議な気がした。

ある日。

夕方、京都へ向かう。大好きなバンドのメンバーであるTさんが京都の実家に帰ってきているそうで、「よかったら飲みましょう」ということに。京都駅前で待ち合わせ、ベビーカーに乗ったTさんの長女も一緒である。「第一旭」と「新福菜館」が並んでいるすぐ近くの「山本まんぼ」というお好み焼き屋へ。

「第一旭」にも「新福菜館」にもラーメンを何度も食べにきたことがあるが、こんなところにお好み焼きを出す店があったとは知らなかった。渋い風情の店で、最初は少し緊張したけどお店の人も気さくであった。辛めのソースが合うお好み焼きはもちろん、イカ焼きやホルモン焼きも美味しい。京都駅周辺にはお好み焼きやホル

モン焼きの名店が点在しているようだ。京都に来たらいつも河原町の方へ行っていたけど、駅の周りも今度改めて散策してみよう。いい具合にほろ酔いとなり、店を出て鴨川沿いを三条の方まで、コンビニで買った缶チューハイを飲みながら歩く。だいぶ歩いたところで、Tさんが「あっ！　さっきの店にパーカー忘れてきたっぽいです。ちょっと取ってきます！」と走って引き返して行った。残された私とベビーカーに乗った長女。とりあえず、ゆっくりとベビーカーを押しながら帰りを待つことにする。ベビーカーに乗り、知らない人に暗い川沿いを押されていった記憶が娘さんのトラウマにならないといいなと思う。「川だねー」などと話しかける。しばらくしてTさんが戻ってきた。パーカーは無事回収できたそう。

ある日。

　十五時に家を出て西九条へ。週刊誌の居酒屋取材で立ち飲み屋の「こばやし」にお邪魔する。「こばやし」の大将、おかみさん、どちらも優しくてお茶目でたまらない。

　撮影はスムーズに終わったが、カメラマンのOさんはちょっと腑に落ちなかったみたいだ。Oさんは私よりだいぶ年上の関西出身のベテランカメラマンだ。この仕事は、自分の培ってきた技術に見合った報酬があるわけではなく、せめて店でちょっとリッチで美味しいものを飲み食いできればそれを楽しみにできるのに、この「こばやし」のようにリーズナブルなおつまみがあるだけの立ち飲み屋では仕事のし甲斐が無いという。「そうですか……僕はここのどて焼きとかおでんとか、好きですけどね」と、言いながら悲しい気分になってくる。以前、友達と

この店に来た時、カウンターの斜め向かいにリクルートスーツを着た若い女性が一人やってきた。大将が「いらっしゃい！　なんにしましょ」と注文を取りに行くと「瓶ビールください」と告げた後、「今日、会社の面接があって、ここのお店の前をいつも通り過ぎてたんですけど、思い切って入ってみたんです」と言うのが聞こえてきて、心の中で「お疲れ様です！」と強く思った。来るたびにちょっといい場面に遭遇して長く心に残るような、私の好きな店である。

ある日。

中津で「シカク」の副店長・Tさんと、数日前から京都に来ているというマンガ家のRさんと一緒に飲む。阪急中津駅前で十六時に待ち合わせ、駅から高架下を抜けた先にある「智屋」へ。店の名物だという「ナットーのおばさんフライ」（納豆を大葉で挟んでフライにしたもの。大葉でサンド、なのでおばさん）や、「鮭のチャンチャン焼き」など食べる。最高にうまい。

次に、日本酒の銘柄が多数揃う角打ち「おおにし」へ。酒マンガの大家で、日本酒にも詳しいRさんにおすすめしてもらったお酒を飲み比べたりしながら、ホロホロになるまで煮込まれた美味しいおでんを食べる。贅沢なひととき。「はなび」に移動して飲んでいるところに仕事を終えた飲み仲間のＹさんが合流。三冷のホッピーを飲みつつ語らっていると、ＲさんがＴｗｉｔｔｅｒに「中津で飲んでます」とツイートしたのを見てこの店に来たというファンの方が

近くの席にいて、みんなで「いこい」に行くことに。カウンター左側の、初めて座るテーブル席へ通される。大将のお孫さんが履正社の野球部で甲子園目指して頑張っているという話など聞く。それにしても中津ぐらいのこじんまりとした町にこんなにもいい酒場がひしめいているなんて。素晴らしいコース取りでめぐることのできた一日だった。

ある日。

　昼過ぎから週刊誌の居酒屋取材。ＪＲ立花駅近くの居酒屋「釜谷」にお邪魔する。この店、いい意味で雑然とした雰囲気で、店のいたるところにマスターの手料理が所狭しと置いてある。冷蔵ケースに並んだパック入りの刺身がおすすめらしいが、ハンバーグにパスタにピザに、丼ものまで色々あって節操なし。

常連さんが昼からかなり酔って楽しそうで（夜勤明けの看護師さんたちだとか）素晴らしい雰囲気。それにしても、「またしてもこういう店を選んでしまった」、とカメラマンの方に申し訳ないような……と思っていたら、案の定、写真を撮り終えてサッと先に帰って行ってしまった。ここからはじっくり一人で堪能させてもらうことに。テレビを見ながらぼーっと杯を重ね、さっきまで取材させてもらっていたくせに、すっかりのん気な客となって過ごす。大将に「自分の考えていることを本にするにはどうしたらいいんやろ、教えて」と相談を受けるも、そんな経験もなく、全然お役に立てず。「ふくずみ温泉」という銭湯に立ち寄り、風呂上がりに生ビールを一杯飲んで今日の締めにする。

第二章

大阪の酒場その2

欲望のエネルギーを感じる酒

大阪ビル酒めぐり「大阪駅前ビル」「上本町ハイハイタウン」「船場センタービル」

駅ビルとか大きな商業ビルの多くに「飲食店フロア」が作られている。寿司屋、ステーキハウス、イタリアン、高級中華、お好み焼き屋など、そういった飲食店がバランスよく配置されていて、駅を利用するついでや、ショッピングを楽しんでお腹が減った後に立ち寄れたりする。たまにそういう店の並びの中にお酒メインのビアホールみたいな店があったり、ワインバルがあったりして、飲み目的ならそういう店を利用する。東京都内にたくさんある駅ビルの「アトレ」なんか、まさにそんなイメージだ。

大阪に来て驚いたことの一つが「駅ビルや商業ビルの中にやけに居酒屋があるぞ」ということであった。前述のような「飲食店フロアに一軒ダイニングバーがあって」とかそういう生やさしいレベルじゃなく、何軒もある。なんなら、バランス的にはレストランよりも大衆的な居酒屋の方が多かったりする。一つのビルに「こんなにたくさん必要？」と思うほど多くの酒場が存在しているのだ。そしてどこも混んでいる。

これはどういうことなんだろうか。以下は私の想像であり、まったくの的外れかもしれないのだが、駅ビルや商業ビルが計画された当初は、それがいつの時代に開業するものであれ、スマートでクールなものを理想として話が進められたんじゃないだろうか。もしかしたら実際、そのビルが華々しくオープンした当初は最先端のオシャレなスポットであったのかもしれない。しかし、そこを利用する人たちのむき出しの欲望が状況を変えていく。

　確かに高級中華で食べる「フカヒレの姿煮」や「蟹肉と海老の蒸し餃子」はいつもの食事と比べものにならないほど美味しい。そこに紹興酒をあわせれば言うことなし。ステーキハウスで極上の赤身肉を食べながら飲む赤ワインもまだ美味であろう。だがそんな食事は毎日続けられるものではない。今日は大盛りのちゃんぽんとレモンチューハイでいい。あるいは、サイコロステーキをみんなで突っつきながらメガジョッキの生ビールが飲みたい。そういう、〝日常的な欲望のエネルギー〟が、〝ちょっとスペシャルな気分〟を余裕で打ち破り、飲食店フロアの様子を徐々に変えていったのではないかと、そう想像するのである。

　だって例えば、JR大阪駅、阪神・阪急の梅田駅、地下鉄各線とも直結している「大阪駅前ビル」。「大阪駅前第1ビル」から「大阪駅前第4ビル」まであって、地下の一階と二階が大きな地下街にを形成しているこのスペースに、あまりにも多くの居酒屋がひしめいているのだ。第1ビルから第4ビルまで全部で百店舗ぐらいの居酒屋がある気がする。しかもどこも庶民的な価格で、角打ち、立ち飲み、大衆酒場といった感じの店ばかり。もし自分がこのビルをプロデュースする立場だったら「あの、もう少し、オシャレなお店を増やさないと客層が酒飲みばっかりに偏ってしまうんじゃないでしょうか」と意見せずにはいられないはずである。だがまあ、その酒飲みからしてみればありがたいだけだ。駅直結のビルの地下に巨大な飲み屋街があるわけだ。強い雨が降ろうが風が吹こうが心配なし。天国である。ちなみに大阪駅前第1ビルが一九七〇年に、第2ビルが一九七六年、第3ビルが一九七九年、第4ビルが一九八一年に完成している。第1ビルなんか五十年の歴史を持っていることになる。

　東京でこんな場所を探そうと思えば、港区の新橋にある「新橋駅前ビル」の1号館と2号館、「ニュー新橋ビル」になるだろう。私は新橋のこれらのビルも大好きで、大阪の駅前ビルとかなり似た雰囲気を感じている。しかし、残念なことに上記の新橋の三つのビルはどれも二〇二二年に解体される予定とのこと。もしそうなったら、「ビル飲み」というジャンルでは、大阪駅前ビルの独壇場になるんじゃないか。まあ、それが名誉なことかはよくわからないが。

　大阪駅前ビルの迷路のような地下街を歩き回っていると、戦意を喪失する。この数多くの店の中から自分にぴったりの最適な店を探そうなどと考えても比較検討するの自体が面倒。「もうパッと目についたところに入ってしまおう！」と、それでいつもたいてい満足する。だから「駅前ビルの中で特に好きな居酒屋ってどこだろう」と考えた時、答えが簡単には見つからない。駅前ビルというエリア全体を私は愛しているのである。

回数として一番たくさん行っているのは「銀座屋」かもしれない。同じ名前の立ち飲み店がＪＲ天満駅前にあって、そっちは年配の常連さんが多く集うちょっと渋めの店であるのに対し、駅前ビルの銀座屋は明るくて客層も若い感じ。名前は同じだが、経営は別なんだとか。

通称「赤星」ことサッポロラガービールの大瓶が一本三百八十円（初めてこの店を訪れた頃は三百五十円だったと記憶している）という安価で、周りを見渡すとそこら中のテーブルに赤い星の描かれた瓶が立っている。名物の「牛タタキ」が百八十円、「牛すじポン酢」が二百円と、おつまみも安く、当然ながらいつもめちゃくちゃ混んでいる。

「銀座屋は……混んでるよな、じゃあ別の店を探すか」と、そういう流れで他へ行くことが多く、他は他で選び放題なのは前述の通り。むしろおすすめの店があったら教えて欲しいほどだ。とにかく、梅田近辺で安い居酒屋を探そうという場合、駅前ビルに

迷い込んでいけばどこかしら見つかるだろうと思う。

近鉄大阪上本町駅や地下鉄の谷町九丁目駅に直結している「うえほんまちハイハイタウン」は一九七九年に完成した複合商業ビルだ。こちらは地下一階から地上三階まで色々なジャンルのお店が入っているのだが、地下一階と地上一階部分に居酒屋がグワッとたくさんある。

〝日本一長いカウンター居酒屋〟を標榜する「天山閣ハイハイ横丁」が目立つけど、私が好きなのは地下一階の立ち飲み店「まもる」だ。店内の冷蔵ケース内に新鮮な刺身類が置かれていて、そこから好きなものを取ってくるもよし、カウンター前に所狭しと並ぶ惣菜のお皿を選ぶもよし。私が特に好きなのは三百九十円の「豚バラはり鍋」。この価格であることが信じられないほど、ボリュームがあって美味しいのである。そのワンランク上の「牛すき鍋」ですら四百九十円。瓶ビールの大瓶が四百円、チューハイ類が二百九十円と、飲み物ももちろん安い。お店の方の接客も気さくで明るくて、カウンターの惣菜を物色しているうちに自然に会話が生まれたりして楽しい店だ。

そして、この「まもる」を出た後、これまた激安立ち飲みで大阪に数店舗を展開する「得一」へとハシゴしてもいいし、老舗の町中華「南海飯店」で極限まで腹を満たしてもいい。魚介類に力を入れた居酒屋もあれば、日本酒の銘柄を多数揃えた店もある……という層の厚さがたった一つのビルの飲食店街の中に存在することの驚きよ。

「うえほんまちハイハイタウン」の中には飲食店以外に、文具店やブティック、薬局などがあり、上階にはいくつかの病院も入っている。今は無くなってしまったが、かつては花屋さんや書店もあったらしい。このラインナップを見るに、「タウン」というだけあって、このビル一つで生活に関するあれこれが完結するような、そういう場所を目指して生まれたものだったのではないだろうか。そう考えると、冒頭で私が想像した、「本当はオシャレなビルにしたかったけど大衆化した」という流れではなく、「ファミリー向けのオールジャンルなビルにしたかったけど、飲食店、特に居酒屋ばかりが活況を呈して増えていった」という流れで変化してきたと考える方が妥当なのかもしれない。

もう一つ、「船場センタービル」についても触れておきたい。船場センタービルは一九七〇年に完成した商業ビルで、1号館から10号館まで、およそ千メートルにも渡って続いている。地下鉄の本町駅、堺筋本町駅から直結していて、ここもまた、雨に濡れずにたどり着ける場所だ。中に入っているのは繊維関係のショップ、企業などが中心。一九七〇年に大阪万博が開催されるにあたり、大阪市内を東西に貫く新しい道路の建設計画が持ち上がった。しかし、それを作ろうとしたら、すでにあった繊維問屋街を潰さねばならない。そこで、長く連なるビルの中にその問屋街をすっぽりと収め、道路はそのビルの屋上を通すという大胆な計画が生まれた。それでできたのが「船場センタービル」なのだという。

繊維関係の店舗が多いからか、このビルの中を歩いているとやけに体内の湿気が吸われていく気がする。どんどん喉が渇いてくるのである。「早く、冷たいビールか何かが飲みたい……」と、いつしか息も絶え絶え。心配はいらない。もちろんこのビルの中にも飲食店街があり、そこには大衆居酒屋も数多いのだ。

私が好きなのは2号館地下二階にある「大名酒蔵」という大衆酒場だ。和風な構えの入り口に店名が染め抜かれた暖簾がかかり、ちょっと歴史ある酒場に見える。これが例えば東京の下町にあったら少し緊張しながら入るかもしれない。しかし、ここはビルの地下。しかも生ビールが一杯無料、酎ハイが一杯百円という、そこら辺の激安居酒屋が逃げ出すほどの攻めの価格設定であることを店頭の看板で大きくうたっているではないか。

「船場センタービル」が開業した一九七〇年にオープンしたという「大名酒蔵」。店内には広い座敷席が広がり、ゆったり腰を落ち着けて飲むことができる雰囲気だ。

一杯目が無料であると書いた生ビールだが、決して適当なものではなく、アサヒスーパードライを氷点下まで冷やしたものが提供されてくるから驚く。しかも二杯目以降も三百円である。また、一杯百円のチューハイは、卓上に置かれたレモンとライムのシロップで好きに味付けしていい。この過剰とも思えるサービス精神。何度も繰り返すが、これがビルの地下にある店なのだ。昼は定食や丼ものも出し、そばの美味しさも自慢だとか。もちろん小鉢のおつまみも安心価格で色々揃い、大阪のビル酒の奥深さをこれでもかと思い知らせてくれる。

【銀座屋】大阪府大阪市北区梅田1-3-1 大阪駅前第1ビル B2F 営業
時間：14時〜23時 定休日：日
【まもる】大阪府大阪市天王寺区上本町6-3-31 うえほんまちハイハイタ
ウン B1F 営業時間：12時〜22時55分 定休日：なし
【大名酒蔵 本店】大阪府大阪市中央区船場中央1-3-2 船場センタービ
ル2号館 営業時間：11時〜22時 定休日：なし

いつも少し緊張する西成あたりの酒

大阪市西成区・萩ノ茶屋「難波屋」

　JR新今宮駅から萩ノ茶屋方面へ歩いていくと「釜ヶ崎」と呼ばれたり「あいりん地区」と呼ばれたり、もう少し広い範囲を差して「西成」と呼ばれたりするエリアに入る。それらのうちでは「西成」という呼び方が自分の中でしっくりくる感覚があり、ここから先はその名を使わせていただきたい。

　大阪に西成という場所があることはずっと前から知っていた。読んだ本の中や、大阪の芸人が話すエピソードの中にその地名が登場し、自分の中でイメージが膨らんでいった。有名な職業安定所があり、職を求める労働者たちがたむろしていること。労働者たちによって何度も暴動が起こった歴史があり、その影響もあって近くの警察署はかなり堅牢な作りになっていること。日本有数の色街・飛田新地がすぐ近くにあること。自然発生的にできる市場があって、そこには盗品なんかも平気で並ぶから「泥棒市」と呼ばれていること。そこにいけば覚醒剤をはじめとした違法薬物なんかも手に入るとか、自転車のカゴに使用済みの注射器が捨てられているとか、本当らしい話からまるで都市伝説のような話までたくさんあって、大阪の闇の部分の、リアルでシビアなイメージを自分の頭の中に作り上げていく。

「商店街の入り口にドラッグの売人が立っている」「そのあたりでビデオカメラなんか回そうものならぶん殴られ、カメラから何から身ぐるみはがされても文句は言えない」と、そんな話をたっぷり聞かされて行く西成に怯えないはずがない。私が大学生の頃、関西出身の友人に連れられて初めて歩いた西成（といっても、今思えば繁華な動物園前駅のあたりをほんの少し散策しただけだった気がするが）は、自分の普段いる世界のルールとはまったく別の厳しい掟が支配するハードコアな場所に見えた。カメラと財布をリュックの奥底にしまい、そのリュックを背負わずに前に抱えるようにして小走りに移動した記憶がある。

それから何年も経ち、自分が大阪に住むことになってからも西成は相変わらず縁遠い場所だった。実際、わざわざ行く用事があるわけでもないのだ。私の身のまわりの大阪住民の多くも、通天閣や天王寺動物園には用があっても、その先の西成エリアまでは足を踏み入れたことがないという人が多いようだった。子どもの頃から「一人で歩いたらあかん」と親に教わっていたという人もいる。

だけど、よそから大阪に来た者だからこそ、西成を歩き、できる限り町の空気に身を預けなければいつまでも自分と大阪との距離感がずっと開いたままだという気もする。必要があるわけでもないのに怖いものみたさのような感覚で出かけていいんだろうか、という気持ちと、いつまでも西成を歩かずに「大阪に住んでいます」なんて言えるんだろうか、という気持ちがぶつかり、どうしていいかわからない。

しかし、大阪に住んでいる人の中でも特に物好きな友人や、大阪に詳しくてよく関東から遊びに来る友人たちは、私にとって驚くほど軽い口調で「今度、西成に飲みに行ってみましょうよ」みたいに言う。「え！　西成に!?　飲みに!?」と内心驚きつつ、驚くのも恥ずかしい気がして「ああ、いいっすね」などと軽く返事をしてみたりして、心の底ではまだまだ怯えながら何度か足を運ぶことになった。

タイミングや歩き方や町との接し方にもよるのだろうけど、そうやってそろりそろりと歩く分には西成は怖い思いをするような場所ではなかった。むしろ、思い切って入り込んでしまえば想像以上に居心地がよく、気を遣わずに過ごせる場所に思えてくる。海に入る時、最初は慣れなかった水温が心地よくなってくるみたいに、町の空気に身を浸しているとあとはもういつまでも居続けられるような気持ちになるのだ。飲み屋でビールやチューハイを飲んで酔ってしまえばなおさらである。でもそれはその日だけしか有効期間を持たない気持ちのようで、一度家に帰るとまた緊張する町に戻っている。

西成の酒場の中でも最初の方に名があがる有名店であろう「難波屋」も、いつもちょっとビクビクしながら入るくせに、一杯二杯と飲み進めているうちに「この店こそ自分の居場所」みたいに思えてくる店だ。入口から奥へとＬ字のカウンターが長く続き、その先にはライブスペースがある。夜の十九時になるとそのライブスペースでブルースとかジャズとかフォークとか、その時々の出演者が奏でる音楽が聴こえてくる。ライブ目当てのお客さんは奥に進んで投げ銭を払って間近で音楽を楽しみ、Ｌ字カウンターの周りに張りつく立ち飲み客はそれをＢＧＭにして酒を飲み続ける。灰皿は無いからタバコの吸い殻は地面に捨てる。

いわゆるプレーンチューハイなのだが、やけに酔う気がする「難波屋チューハイ」が三百円、生ビールはそれより安くて二百五十円。壁にはおつまみメニューの短冊がたくさん貼られていて、二百円台が中心。私が好きなのはカウンター中ほどの席、目の前の鍋にいつも入っているカレーのルーと麻婆豆腐。どちらも二百円で小鉢にたっぷり盛り付けてくれる。この二つがあればもう十分という量だけど、気になるメニューがたくさんあるからあれこれ食べたくなってしまう。

店の人と客とが気軽に口をききあう店だから、当然客同士のやり取りも自然に生まれる。隣り合った人に話しかけられ、最終的になぜかお酒をご馳走になったりすることも何度かあった。みんな気前がいいのだ。長年通っているという常連さんもいれば、出張のたびに立ち寄るという人もいて、自分のような、酒場めぐりが趣味らしき人にも出会う。本当に色々な人が来る。

ある時、私が遅い時間までこの店で友人と飲んでいると、女性二人組が入ってきた。二人とも何軒かハシゴをしてきたのか、すでにかなり酔った様子である。ボケとツッコミがすごいスピードで打ち合いされるような二人の会話が聞こえ、「あんな風にしゃべれたら楽しいだろうなぁ」と、大阪弁の軽妙なやり取りを耳にしていていつも感じる気持ちをその時もぼんやり胸に抱きつつ飲んでいた。そのうち、その女性二人と隣になったおじさんとが会話をし始め、最初はみんな楽しそうだったのだが、少し雰囲気が変わってきた。どうも女性たちがおじさんをからかって、それが度を越しているようなのだ。

「こんなとこで飲んでてどうするん？　おっちゃん仕事ないやろ？」「どれぐらい稼いでんの？　人生楽しいん？」みたいな、ボケとツッコミとかをはみ出した愛

のない言葉が聞こえてくる。言われているおじさんは、ちょっとムッとしている様子ではありつつも「はは。言い過ぎやー」とかわしていたが、カウンターの内側にいた店員さんがそれに気がつき、「言っていいことと悪いことがあるで」と女性客にひと言伝えた。

　これで済んだかと思っていたら、驚いたことに女性客は店員さんに対して「はあ？　何が悪いん？」と反発。言い合いがヒートアップしていった末に女性客の片方が、侮辱的な言葉（「浮浪者」とか「ルンペン」とか、そういう嫌な言葉）を使って、先ほどのおじさんを罵った。するとすると近くで聞いていた店主がスッと近づいてきて「おい！　今なんて言うた！　そういう言葉を使う人間の来る店やない！　帰れ！　出ていけ！」と怒鳴り、店内は騒然となった。

　普通、さすがにここで終わりである。「二度と来るか！」と女性客が吐き捨てて出ていって終わりそうなもんだ。しかし、女性客は折れず、「はあ？　なんで帰らなあかんの」「この生ビールまだ頼んだばっかりやし、これだけは飲ませてもらうで」と後に引かない。

　いやいやいや、どんだけタフなんだこの二人！　っていうか普段どんな場所でどんな酒を飲んでる人たちなんだろう……と興味が湧いてくるほどである。

　さらに不思議なことには、そんなひどい言葉を吐いてこの店の客をバカにし、ひいてはこの店自体を侮辱したようでもある二人に対し、周りの客は「まあまあ、落ち着きいや。あとは静かに飲んだら大丈夫や。ゆっくり飲んでいき」と、あくまで受け入れようとするのだ。私は途中からゾワゾワと鳥肌が立って収まらなかった。お店の側が守るべき部分をしっかりと主張し、客側は決して拒絶しまいとかばい続ける。この店のテンションを生み出す引っ張り合いの、端と端を見た、すごいものを見た、という気がした。

そんな夜があったかと思えば、午前中に行ってみると静かな店内のカウンターの向こうでお店の猫がごろごろしている姿が見られたりして、いつまでも全容を捉えきれない店である。

道端に面した鉄板でホルモンを焼いて濃いタレで食べさせる「やまき」や、友達に連れていってもらって店内の雑然とした雰囲気とマスターの作る謎料理に驚いた「かんむりや」、路地裏のおでん屋「深川」、一人鍋が名物の店「なべや」、ジャンジャン横丁にほど近いホルモン鍋の店「たつ屋」、ホルモンうどんの「きらく」などなど、それからも西成で色々なものを食べ、酒を飲んできたけど、それですっかり西成のことがわかったかというと全然そんなことはない。

私が見たのはほんの一場面で、私が与えられた居場所はほんの少しだ。これ以上、わがままに望み過ぎてはいけない気がする。いつまでも少し緊張しながら、でもお酒を飲むうちにすっかり打ち解けたような気になって、翌朝になればまたまたよそよそしく感じるような、そんな距離感で西成を眺めていたいような気もするのだ。

【難波屋】　大阪府大阪市西成区萩之茶屋2-5-2　営業時間：8時〜翌1時　定休日：木

大阪駅に一番近い〝街〟で飲む酒

大阪市北区・梅田「新梅田食道街」

梅田で友人とお酒を飲むことになった時、さてどうしようかと困る。駅から少し離れたエリアまで歩いていけばお店はいくらでもあるのだが、そこに行くのに人ごみを抜けて歩いていかなければならないのが面倒だ。梅田の駅前は歩行者に不親切で、横断歩道のない大きな道路を向こう側へ渡るのに歩道橋を上り下りしたり迂回したり、行きたい方向にズンズン進んでいけないもどかしさがある。

そこで私の頭に浮かぶ選択肢は、大阪駅前ビル方面まで地下通路を歩き、居酒屋がたくさん並ぶ地下一階、地下二階フロアから気分に合う店を探すか、いっそ中津方面まで足を延ばすか、タイミングと飲む相手によっては、大阪駅の上階にある「風の広場」で飲む手もある。そして、そこにもう一つ加わるのが「新梅田食道街」である。

「新梅田食道街」は、ＪＲ大阪駅から阪急デパート方面へ歩いていった先にある高架下の飲食店街だ。一九五〇年、当時の国鉄関係者の退職後の救済事業として開業したという。開業当初は二十店舗ほどの飲食店が並ぶ割と小さな一角だったそうだが、戦後の経済発展によって大阪駅の利用客が急増していったこと、一九七〇年の大阪万博の開催で日本各地から多数の観光客が押し寄せたことなどもあり、その規模はどんどん大きくなった。今では敷地内に百店舗以上もの飲食店がひしめきあっている。

　敷地の周囲は、買い物客やJRや私鉄各線を利用する人々が絶えずせわしなく往来しているような雰囲気なのだが、そこから一歩「新梅田食道街」に入り込むと空気は一変。細い通路に面して様々なジャンルの飲食店があらわれ、キョロキョロしながら歩いているとどっちから来たのかすぐにわからなくなってしまう。食の迷路みたいな場所なのだ。

「酒・毎日」という素晴らしい名の立ち飲み屋、「北海」という渋い雰囲気のウイスキーバー。「エッグベーカー」という専用の器で玉子を焼き上げて食べる

「エッグ」が名物メニューの老舗「北京」など、歩いていると気になる店がたくさんあるのだが、その中でもふらっと気軽に入れるのが「奴」という店。

聞くところによると五十年前からこの場所で営業を続けていて、当初は「かやく飯」が看板メニューの、いわゆる定食屋だったそう。現在の店主の祖母が創業し、父が二代目、現店主が三代目で、十年ほど前から立ち飲みメインの店舗へと変貌を遂げたという。ガード下の飲食店街に親子三代もの歴史が詰まっていることに驚いてしまう。

　カウンター狭しと煮魚や天ぷらなど美味しそうなおつまみの乗った小皿が置かれていて、客はそこから好きなものを選んでもいいし、大将の後ろに貼られた達筆な日替わりメニューの中からピンとくるものを注文してもいい。ご夫婦二人で切り盛りしている小規模な店だから、その日に売り切れるだけの分を仕入れて、値段を抑えて提供できるんだという。
「鯛のあら煮」が三百円、「天ぷら盛り」が四百円、「お造りおまかせ盛り」が五百円と、ありがたい価格設定。もうこの三品だけでお腹いっぱいのボリュームである。「うちの酒は昔からこれやねん」と店主がおすすめしてくれる富山・若鶴酒造の「辛口 玄」を飲んで、美味しい刺身を食べて、ああ、贅沢だな。こうしてカウンターの前で酒を飲んでしまえば、ここが梅田の雑踏から遠くないことなどすっかり意識の外に追いやられてしまう。

一見コワモテの店主だが、笑顔は優しい。「ここは安くて美味しいですね」とお話を聞くと、「東京から出張で来たお客さんにしたら１００％安いと思ってもらえる自信あるけど、大阪はどっこも安く食べられるからなー」と言う。「とにかく安く早く」という居酒屋が多い中、ここ「奴」では、きちんと美味しいものを、毎日来るお客さんにも楽しんでもらえるぐらいの価格で提供することを心がけているという。

もっとも、店主にしてみれば「新梅田食道街」に入っている他の居酒屋は決して競争相手ではなく、同じデパートの中に入っている売り場の一つ一つみたいなイメージなんだそうだ。客を奪い合わずに済むよう、住み分けを意識しているとのこと。

「新梅田食道街」内にいくつかの支店を持つ「とり平」も、前述の「奴」と同じく五十年前からこの地で営業を続ける店だ。「奴」の店主によると、「奴」の創業者と「とり平」の創業者は「新梅田食道街」に店を出す前から隣り合った場所で営業をしていたそう。そして現在、それぞれの孫がオーナーとなって同じガード下で商売を続けている。
「とり平」のメニューはちょっと変わっていて、「ネオドンドン」「ネオピンピン」「ネオポンポン」といった、一見どこの部位なのだかわからないものばかりだ。これらはすべて創業者が名付けたものだそうで、「ネオドンドン」はドンドンという心臓の音を表していて、つまり「ハツ」。「ネオピンピン」はピンと伸びた背筋の意味で「背肝」。「ネオポンポン」はお尻のポンポンで「ぼんじり」だそうだ。

創業者はちょっとシャレたセンスを持った人で、創業当初、七十年前にはかなり耳慣れない響きであった「ネオ」なんていう言葉を使い、さらにわざとメニュー名を分かりづらくして「ネオドンドン……？　これなんのこと？」「ドンドンいうて心臓の音です、ハツですわ」という感じで、お客の気を引き、会話を弾ませるきっかけにしようとしたらしい。

この店に入って席につき、飲みものを注文すると、大根おろしとカラシ、そして合鴨のモモと皮のねぎま串が同時に提供される。これは創業以来の伝統で、最初の一杯がアテなしの寂しいものにならぬようにという配慮なのだという。そして、そのねぎま串の食べっぷりを見て、お客のお腹が減ってそうか、すでに何軒か飲んできた後で軽いつまみを求めていそうか、などを判断するんだそう。

オーナーにとって「新梅田食道街」は、「生まれ育った場所」とのこと。子どもの頃、すでにこの場所に店を出していた親に連れて来られるたびに、まずはあちこちのお店の店主に挨拶をした後、今も営業を続ける「梅田エーワンベーカリー」でパンを買ってもらい、親の店で焼き鳥を食べさせてもらっていたという。生まれ故郷の馴染みの商店街のように「新梅田食道街」があり、そこで商売をする店の店主や店員さんたちはみな親戚やご近所さんみたいなものなのである。

大阪駅すぐの、都会のど真ん中みたいな場所なのに、ここで長い時間を過ごしてきた人たちにとってはそれが「故郷」だったり「家の近所」だったりするというのがなんとも不思議に思える。ここは大阪駅に一番近い「田舎」でもあるのだ。

継ぎ足し継ぎ足しで守られてきたタレの味とよく絡む「ネオドンドン」や「ネオポンポン」をほお張りながら、このガード下に流れてきた時間の長さを想像してみる。

ここに長く関わってきた人々にとってはローカルな場所である

「新梅田食道街」だが、常連ばかりが集まってハードルの高さを感じさせるような店は見当たらず、一見客でも分け隔てなく受け入れてくれる空気感がある。

　それについて「とり平」のオーナーはこう語る。「ここは立地的に一見のお客さんがすごく多いんです。全体の半分ぐらいはそうちゃうかな。出張で来てふらっと寄っていくお客さんも大勢います。もちろん常連さんも大事ですし、どこの店もどっちのお客さんも同じように大事にしてると思いますよ」と。

　なるほど、確かに大阪駅にこれだけ近い「新梅田食道街」は、大阪の外から来る人がふらっと立ち寄っては去っていく飲み屋街でもあるわけだ。七十年の歴史を持つローカルな場でありながら、一見客が半数を占めるような開かれた場でもある。その両面のバランスがこのガード下の食道街の不思議な雰囲気を作り出しているのだろう。

　自分にとってはまだまだ行ったことない店だらけの「新梅田食道街」。またふらっと迷い込んでみたい。

【奴】大阪府大阪市北区角田町9-26　新梅田食堂街1F　営業時間：12時〜23時　定休日：日

【とり平】大阪府大阪市北区角田町9-26　新梅田食堂街1F　営業時間：月〜金15時半〜22時半　土12時〜22時　祝・日12時〜21時　定休日：日　※大阪一とり平 本店のみ日曜日も営業（12時〜18時）

今まで入れなかった店に入って飲んだ酒

三人で力を合わせる「三本の矢」飲み会

ある時、ラップグループＵＮＤＥＲＨＡＩＲＺのＤＪ担当・ラミーさんから連絡をもらった。「気になるのに勇気が出なくて入れない店ってありませんか？」とのことである。

確かにそういうお店はたくさんある。「店内の様子がまったく見えない」とか「外観がかなり古びていて不安だ」とか。思い切って入ってみると「もっと早く来ていればよかった」と思うような居心地のいい店だったりするのだが、最初の一歩がなかなか踏み出せないことはよくあるもの。

ラミーさんは、私と、ミュージシャンの佐伯誠之助さんとの三人で「力を合わせてそういう店に入ってみませんか？」と言うのである。なんと楽しげな誘いだろうか。早速、「一本の矢は容易に折れるが、三本まとめてでは折れにくい」という毛利元就の言葉からとった「三本の矢」という名のＬＩＮＥグループが作られた。そしてそこでスケジュールを調整し合い、平日の昼から三人で集まることになった。

まずは佐伯誠之助さんがいつも気になっていて入れずにいる店からめぐることにした。目的地は大阪市西成区。大阪メトロ・花園町駅周辺である。このあたりは佐伯誠之助さんが仕事でよく歩く場所なのだという。町工場があちこちに目に入り、大阪の下町という雰囲気が漂うエリアだ。歩き出してすぐ「ここもめっちゃ気になるんすよ！」と佐伯さんが指差した「近所のおばはん」という居酒屋にも興味を引かれたが、今日はそこではなく、「末広」という名の食堂の前で立ち止まる。

「ここなんですけど……」と、佐伯さんが建物を見上げる。一見すると味わいたっぷりな町の食堂という感じだ。しかし、メニューの貼られた外壁に近づいてみると、なるほど独特のオーラを感じる。「ハンバーグ」と書かれた文字をよく見れば、紙に直接書いたのではなく、切り抜いた文字が貼られている。「おかゆ」と「おじや」というメニューがどちらも五百円で並んでいたりもする。庇には「カラオケ」の文字があり、二階へ続くらしいドアもある。なるほど、色々な要素が重なり合い過ぎて、店内の様子が想像で

きずにためらう気持ちがわかる。でも、なんといっても今日は三人で力を合わせることができるのだ。勇気も三倍である。

ドアを開けた佐伯にさんについて店の中へ。店内の薄暗さに一瞬面食らったものの、思ったよりも普通の定食屋さんといった感じだ。少し湿った空気が流れており、猫のいる匂いがする。店内の壁にも、先ほど外で見たのと同じような切り文字のメニューが所狭しと並んでいる。私は「ローストンカツ定食」、ラミーさんは「ミトースパゲテー」と表に書いてあったメニューを、佐伯さんは「ボリュームあるから若い子やないと無理やと思うわ」と店主が言う「オムライスセット」に果敢にもトライ。瓶ビールも注文してみんなで分け、早速乾杯。

しばらくして私のもとに運ばれてきたのは、拍子抜けするほど真っ当に美味しそうなトンカツ定食だ。それに少し遅れて運ばれてきた佐伯さん注文の「オムライスセット」は、「ミニ」とか「半分」とかではなく、でっかいオムライスとでっかいラーメンのセットである。「うわ、多いな……」と驚いている佐伯さんに店主が「餃子もうちょっと待ってなぁ」と言って去っていく。「あ、餃子もあるんや。ヤバいな」と佐伯さん。

黙ってガツガツ食べている私と佐伯さんだったが、ラミーさんの「ミトースパゲテー」、いや、「ミートスパゲティ」がなかなか出てこない。「困らせるような注文をしてしまったかも」と不安がるラミーさんのもとに、だいぶ間をおいてお皿が運ばれてきた。見たところ、想像していたのとはかなり違う。「ミート」スパゲティにケチャップがかかっており、その上に炒めた玉子が乗っているものである。「ミトー」的な要素が見当たらないが、まさか本当に「ミトー」なのだろうか……。「ミトー」が何なのかはわからないが。

佐伯さんが店主に聞いたところ、この「末広」は店主の祖母の代からやっていて、もう創業八十年にもなるのだという。もともとはぜんざいなど甘い物を出す店としてスタートし、徐々に定食や一品料理を出すようになっていった。二階にカラオケセットを置いて宴会場にしていた時期もあったが、「酒を出して酔っ払いの相手すんの面倒くさい」と思った店主がある時スパッとやめることにしたんだとか。その後も、直すのが面倒だという理由で庇には「カラオケ」の文字が書かれっぱなしであるため、未だに「カラオケ歌えますか？」とやってくる客がいるという。いちいちそれを断るのも面倒らしいが、看板を

直すのも面倒という、横着さのせめぎ合いが面白い。

店を出て、引き続き佐伯さんに案内してもらって散策した後、南海電鉄・西天下茶屋駅近くの商店街にやってきた。この商店街沿いの「マル屋」という喫茶店も、佐伯さんがこれまで入れずにいた店だそう。

外観こそいわゆるレトロな純喫茶という感じなのだが、表に出ている看板がすごい。「コーヒー１６０円」と書いた板看板の下部に、ボロボロになった紙片が吊り下がっていて、よく見るとそこにメニュー名と価格が書いてある。「店の雰囲気はいいんですけど、これが怖いんですよ！」と佐伯さんは言う。確かになにか怨念めいたものを感じる。

しかし、力を合わせて入ってしまえば、当然だがれっきとした喫茶店である。店内にはご常連らしきお客さんがちらほらいて、静かに思い思いの時間を過ごしている様子だ。我々も腰を落ち着けてゆっくりと語らうことに。看板から垂れ下がっていた紙片同様、メニュー表も古文書のようにボロボロだったが、それ以外

は普通に居心地のいい喫茶店。

今さらだが、ラミーさんが所属するＵＮＤＥＲＨＡＩＲＺも、佐伯誠之助さんも関西を拠点に活動している。そして両者とも、手加減の一切ない下ネタを持ち味にしている。ＵＮＤＥＲＨＡＩＲＺはＭＣ　ＰＯＹＡＮＡさんＭＣ　ＭＩＹＡＧＩさんの二人が延々とエロいことばかりラップするし、佐伯さんはＡＶからサンプリングしたエロ音声をキーにしたダンスミュージックを作り続けている。

佐伯さんは「今はそんなことないんですけど」と前置きしつつ、「昔はＤＪがクラブでオシャレな洋楽ばっかりかけてるのがとにかく無性に腹立って仕方なかったんです。なんでもいいからフロアに嫌がらせみたいな曲をブチ込みたいという気持ちがあって……。そう考えたら日本語のめちゃくちゃ下品な言葉しかないだろうと」と、自分が下ネタに行き着いた理由を語る。

一方のラミーさんは、もともと余興としてＵＮＤＥＲＨＡＩＲＺを始めただけで、コントでも演劇でもなんでもいいからその場が盛り上がる何かを、と考えて下ネタをラップすることにして、結果、それがみんなに絶賛されたので続けていくことになったという。「下ネタは足かせっていうか。別にやりたいわけじゃないけど他に言いたいこともない」とラミーさん。

二人が下ネタと音楽との関係性について語り合うのを横で聞きながら、自分が好きな関西の音楽には、ジャンルは違えど、共通してなんらかの過剰さがあるなと改めて思った。佐伯さんがオシャレなだけのＤＪになぜかイラついていたみたいに、「普通にやっても面白くない」という反骨精神がベースにあるように思える。

東京中心の音楽シーンがスカしたものに見え、だからこそ絶対にそこにはない何かを見せつけてやろうとする気概もあるかもしれない。私は大阪に来て六年ほどになるが、いかにも楽しそうな音楽イベントの情報が東京にいる友人たちからＳＮＳを通じて伝わってきたり、「革新的なシーンが生まれて盛り上がっているらしい」という情報を探ってみるとだいたいどれも東京で展開されていたりして、東京の賑やかさと遠さを痛感する機会が何度もあった。

もちろんそれがすべてではなく、東京との対比なんか関係ないところにも理由があるんだろうけど、関西から生まれた音楽の過剰さや、一筋縄ではいかない感じや、群れることをよしとせず、それぞれがバラバラであることなどの根拠が少しずつ自分にもわかるような気がし始めた。そんなことをぼーっと考えつつ、二人の話に耳を傾けて過ごす。

「マル屋」を出た後、地下鉄を乗り継いで大阪メトロ・千林大宮駅へと向かった。千林大宮は大阪でも有数の規模を誇る商店街があって賑やかな町。ラミーさんのかつての職場がこのあたりにあり、十年近く通っていたそうなのだが、職場が近いからこそ、仕事が終わったらすぐ立ち去るだけの町でもあったらしい。

ラミーさんが今回勇気を出して入ってみたかったという店は「金太郎」という居酒屋。外から店内の様子が見えず、頑固な大将がやっていそうな、店の中に緊張感が漂っていそうな風にも見える。もしかしたら高級な価格帯の店かもしれない。おそるおそる入店。

しかし入ってみれば、ここもまた店内も綺麗で価格帯も庶民的な、我々好みのいい店である。ゴクゴク飲む生ビールが旨い。ダシの染みたおでんを突っつきながら、「これと比べるとさっきの末広のヤバさが改めて際立ってきますね」と笑い合った。

佐伯さんとラミーさんが行きたかった店は無事まわることができ、今日の目標は達成となったが、もう少し飲むことにして近くの立ち飲み屋へ移動。隣で飲んでいたミヨさんという名のご婦人に佐伯さんが話しかけたところから、そのミヨさんの行きつけのスナックに連れていってもらうことになった。

「ちゅらみか」という名のスナックで、沖縄出身のママがやっているんだという。これもまた、三人で力を合わせたからこそたどり着けた店ということになるだろうか。佐伯さんがやしきたかじんの「なめとんか」を歌い、ミヨさんが中島みゆきの「糸」を歌い、ラミーさんが「おれが正義だ！ジャスピオン」という、まったく知らないアニメのテーマソングを歌い、私もミヨさんにリクエストされてサザンオールスターズの「エロティカ・セブン」を歌ったりした。店のママが歌う歌があまりに上手で、私も佐伯さんも危うく涙を落としそうになった。

いい時間が流れ、すっかり酔ってフラフラと店を出る。帰り際、ラミーさんが「十年間ずっと働いてきて、今日初めてこの町をちょっと知った気がします」と言っていたのが、なんだか自分のことのように嬉しかった。

【末広食堂】　大阪府大阪市西成区鶴見橋1-16-21
【金太郎】　大阪府大阪市旭区千林2-14-18
【マル屋】　大阪府大阪市西成区千本北2-1-33　営業時間：9時〜19時
【ちゅらみか】　大阪府大阪市旭区千林2-16-3

観光気分で難波のたこ焼きを食べ歩いて飲む酒

大阪市中央区・難波たこ焼き食べ歩き飲み

大阪には「キタ」と「ミナミ」という二つのエリアを大まかに指し示す言葉があって、ニュースなどでも日常的に見聞きする。しかし調べてみると「キタ」も「ミナミ」もここからここまでという決まった定義があるわけではないらしく、その判断は人によるところが大きいようだ。「キタ」は私鉄各線の梅田駅やＪＲ大阪駅を中心とするエリアで（「大阪駅」と「梅田駅」という言葉がほぼ同じ意味を持っていること自体がまず難しいが……）、梅田や北新地あたりの繁華街が含まれる。大阪育ちの友人の解釈では、中津や天満あたりまでも含まれるとのこと。

一方の「ミナミ」は、ＪＲ難波駅、大阪メトロ・なんば駅、心斎橋駅、日本橋駅の周辺をひとまとめにする意味合いで使われることが多いと思う。グリコ看板のある道頓堀や「アメ村」など、目立つ観光スポットが集まっているから、大阪以外に住んでいる人なら、大阪といえば「ミナミ」の風景を思い浮かべることが多いかもしれない。

私の住んでいる場所は「キタ」に近い方なので、買い物をするのも飲みに行くのも自然と

「キタ」方面が多くなる。「ミナミ」の方だって電車に乗ってしまえばそれほど時間がかかる距離でもないのだが、たいていのことは「キタ」で事足りてしまうのだ。「ミナミ」に行くのは、「味園ユニバース」にライブを見に行くとか、宗右衛門町のイベントスペース「ロフトプラスワンウエスト」に出演する用事があって出かけるとか、そういった時に限られる。特別な機会に行く場所という感じだ。

というか、難波や心斎橋あたりを歩いていると、活気があって若い人が多くて私はなんだか緊張してしまうのである。その思いは大阪に引っ越してきてだいぶ経った今でもまったく消える気配がない。その緊張感も私の足が「ミナミ」から遠のきがちなことの一因なのである。

とはいえ、もちろん好きな居酒屋もあるにはあるのだ。相合橋筋商店街にある「正宗屋　相合橋店」は明るいうちから大勢の客で賑わう正統派大衆酒場。平日は十三時半から、日曜は朝八時半から営業している。この店に入ると、外を歩いて感じていた緊張から一気に解放される。「正宗屋」はローカルなチェーン居酒屋で、同じ屋号を持つ店が大阪・神戸エリアに複数あるのだが、この「相合橋店」は現在は独立経営になっているそう。鯛の子煮にカニ味噌をトッピングして四角く切った「カステラ」が名物メニューで、早い時間に売り切れてしまう。一度だけ食べたことがあるのだが、「濃厚な旨みの塊」といった感じで、食べていて怖いほどであっ

た。

四つ橋筋の近くにある「豚足のかどや」も風情があって好きな店だ。テカテカと赤く輝くカウンターの上で豚足にかぶりつく。そのまま食べても美味しいし、ネギの散らされた辛めのタレにつけても旨い。瓶ビールをゴクゴク飲んで脂を流し込む。豚足を煮込んでいる鍋のダシは、「スープください」とお願いするとお椀によそって出してくれる。脂と旨みが溶け込んでトロッとした口当たりを感じさせる絶品なのだが、こちらはなんとサービス。つまり無料。このスープが飲みたくて店に来ているようなところが私にはある。

長堀橋に近いあたりの、ラム肉が入ったものなど二十種類以上の餃子メニューがある中華料理店「人人餃子城」も好きだし、ドキドキしながら友達に連れていってもらった味園ビルの二階のバー「マンティコア」も記憶に残っているし、思い返してみれば色々あるのだが、未だにこのあたりは私にとって〝少し気合を入れて歩く町〟であり続けている。

その「ミナミ」エリアを、昼から晩までたっぷり満喫した一日があった。マンガ家のラズウェル細木さんが人気マンガ『酒のほそ道』の取材で大阪を訪れ、私もそれに同行させてもらった日のことである。

ラズウェル細木さんは、本場のたこ焼きを食べ歩き、その模様をマンガに描きたいと考えたそうで、二日間かけてあちこちの店で食べまくる予定だという。もちろん取材なので一軒一軒で真剣にたこ焼きと向き合うことになるのだが、とにかくたくさんの店をめぐりたいから人数はある程度多い方がいい。そんなわけで私も〝食べ要員〟として声をかけてもらったのであった。食べ歩くたこ焼き店のピックアップはミニコミ専門書店「シカク」のたけしげみゆきさんが一任され、この日は「ミナミ」を、翌日はそれ以外のエリアをめぐるようにスケジュールを組んでいた。

集合場所はアメ村だ。通称「アメ村」ことアメリカ村といえば、服屋、靴屋、デカいファッションビル、レコード屋、クラブなどが集中する大阪の若者の流行発信地。ここを歩けば大阪の今のブームがわかる感じで、ちょっと前ならタピオカドリンクの屋台がたくさんできて人が並んでいた。元気いっぱいの若者だらけで私が最も緊張する一画である。観光客もたくさん集まる場所で、たこ焼き店が複数あり、どこも賑わっている。

慣れないエリアゆえ道に迷った私が少し遅れて合流したのは「しらんがな!!」という店名のたこ焼き店だ。一階の店頭で買ったたこ焼きを二階の飲食スペースで食べることもできる店で、ラズウェル細木さん、案内役のたけしげみゆきさん、編集者の竹内さん、飲み友達の山琴ヤマコさんがすでにたこ焼きを肴に生ビールを飲み始めている。

卓上に残っていたたこ焼きをいくつか私ももらい、「うむうむ。そうだよな、たこ焼きってこんな感じだよな」と思う。普段、私はたこ焼きを食べない。家にはたこ焼き器があるが、あまり出番がない。そもそも「粉もん」と呼ばれるものの自体、大阪であまり食べた記憶がない。苦手なわけではないが、自分から進んで食べようと思うことがなかなかないのである。だから今日のラズウェル細木さんの取材の話を聞いて真っ先に思ったのは、「たこ焼きってそんなに何個も食べられるかな?」ということだった。ソースの濃い味わいにすぐ飽きがきてしまいそうじゃないか。

そんな不安をよそにツアーは続く。人で賑わう道頓堀

商店街には十店以上のたこ焼き屋があるのだが、その中でも特に人気でいつも行列ができている「たこ家道頓堀くくる」と「たこ焼き十八番」へ、二チームに別れて買いに行く。道の脇でそれぞれ食べ比べてみてなるほどと思ったのだが、店によって味が全然違う。

私が「ソース味」の一言で済ませてしまっていたソースの味わい自体がそもそも店ごとにかなり異なっている。また、たこ焼きの大きさとか焼き加減なんかも千差万別。たこ焼きの理想とされているものは「外はカリカリで中はふわふわ」みたいなものだといつからか私は決めつけていたのだが、そんなこともなさそうで、球状の形を保てないほどぷにぷにと柔らかい食感のものもある。それに加えて、ソース味だけでなく、塩ダレがメインの店があったり、ポン酢をかけたのを一押しメニューにしている店もあるから、それぞれがもはや別の食べ物と言ってもいいほどなのだ。たこ焼きの奥深さ、ヤバい!と早くも自分の無知を思い知ったところで次へ移動だ。

地下へ降りる階段から巨大な地下街「なんばウォーク」へ向かう。この地下街にある「会津屋 なんばウォーク店」が次の目的地。ここは「元祖たこ焼き」をうたっている店で、もとは大阪の生野区今里で子供向けの「ラヂオ焼き」という屋台をやっていた初代店主がそこから発展して「たこ焼き」を生み出したんだとか。

この店のたこ焼きは、またさっきまで食べていたのと全然違っており、サイズが小さめで、外はカリッとしている。ソースをつけずに食べるスタイル。ダシが効いていて、そのままでじゅうぶん美味しいのだ。ハイボールと合わせるのがおすすめとのことで、各自ハイボールとたこ焼きの相性の良さを知ることになった。

再び地上へ出て「たこやきやまちゃん 難波店」へと向かう。ここのたこ焼きも個性的で、サイズがかなり大きく、何もつけずにそのまま食べる「ベスト」というメニューが一番のおすすめだという。これもまたダシの旨みが強くて、すいすい食べられる。ここでは生ビールを飲みながら食べてみたのだが、これもまたいい取り合わせ。ラズウェル細木さんは「白ワインに合いそうですね！」と言っていた。

今度は心斎橋方面へ歩みを進め、たこ焼き居酒屋の「元祖　味穂」へ。平日は朝五時、土日は朝七時まで営業している店なので、近隣のクラブなどで夜遊びしたついでに打ち上げに使ったりするという友人が多く、その名前はいつも耳にしていた。たこ焼きを注文するとダシの入った小鉢も添えられてきて、そこにくぐらせて食べるとふやふやと柔らかくなって絶妙に旨い。ドリンクメニューにはホッピーがあり、今度はみんなでホッピーと

たこ焼きのマリアージュを楽しむ。

　ここまでで「ミナミ」たこ焼きツアーは終了となり、今宮戎にある「居酒屋ちとも」へ移動し、この日の打ち上げとなった。この「居酒屋ちとも」は以前、週刊誌の酒場紹介ページの取材で訪れたことがあり、その際に店の名物として「自分で作るたこ焼き」というメニューを紹介してもらった。

　その名の通り、注文するとたこ焼きのタネ、具材、たこ焼き器が卓上に運ばれてきて、お客が自ら焼いて食べるというものだ。たこ焼きをこれだけ食べ歩いてきて、打ち上げでまたたこ焼きを焼くというのも面白い。さらには自分で焼くことにより、たこ焼きを焼く加減の難しさも知ることができるのである。

　そしてこれがまた、やってみると楽しいのだ。たこ焼きを上手に丸く焼き上げるべく、無言で頑張るラズウェル細木さん。「今、どんなお気持ちですか？」と聞くと「集中してやっているとだんだん無心になってくるんですね。楽しいですねぇ」と微笑んでいる。微笑みながら

も視線はしっかりと手元のマイたこ焼きに注がれたままだ。自分たちで作ったたこ焼きもまた、専門店に負けず劣らずの美味しさに感じられる。

「ミナミ」界隈への気おくれと、たこ焼きへの誤った先入観を一気に払しょくできた一日だった。

【正宗屋 相合橋店】 大阪府大阪市中央区千日前1-4-14 営業時間：月・火・木・金13時半〜翌0時半 土11時半〜翌0時半 日8時半〜翌0時半 定休日：水

【豚足のかどや】 大阪府大阪市浪速区難波中1-4-15 営業時間：11時〜21時半 定休日：火

【しらんがな!!】 大阪府大阪市中央区西心斎橋1-16-16 ナイルビル1・2F 営業時間：10時〜22時半 定休日：無休

【たこ家道頓堀くくる 本店】大阪市中央区道頓堀1-10-5 白亜ビル1F 営業時間：月〜金12時〜23時 土11時〜23時 日祝11時〜22時 定休日：無休

【たこ焼十八番道頓堀店】 大阪市中央区道頓堀1-7-21 中座くいだおれビル1F 営業時間：11時〜21時 定休日：無休

【会津屋 なんばウォーク店】 大阪市中央区千日前1丁目なんばウォーク5-8 なんばウォーク3番街南通り 営業時間：11時〜22時 定休日：なんばウォーク定休日に準ずる

【たこやき やまちゃん 難波店】 大阪府大阪市浪速区難波中2-10-25 なんばこめじるし 営業時間：火〜土11時45分〜22時 日祝11時半〜21時半 定休日：月

【元祖 味穂】 大阪府大阪市中央区西心斎橋2-8-33 センタービル1F 営業時間：月〜金16時〜翌5時 土日祝14時〜翌7時 定休日：月（祝日の場合営業、翌日代休）

【居酒屋ちとも】 大阪府大阪市浪速区日本橋西2丁目8-1 営業時間：17時〜24時 定休日：日

気ままな「ガシ」の空気を感じて飲む酒

堺市堺区「溝畑酒店」「平野屋精肉店」

「ＧＥＺＡＮ」というバンドが主催する屋外フェス「全感覚祭」に二年続けて遊びに行った。その「全感覚祭」というフェスは、もともとは東京の多摩エリアの方で二〇一四年から開催されていたのが、回を重ねるごとに動員数を増やし、二〇一七年からは関東と関西の二か所で開催されるようになった。

私が行ったことがあるのは大阪会場の方で、二〇一七年、二〇一八年と参加した。会場は南海電車の堺駅近くにある「堺ＲＯＵＴＥ26」というイベントスペースやその周辺エリアで、かつての堺港が「堺旧港」として残されているその湾岸に野外ステージが設営され、それ以外にも近隣の複数のスペースがライブ会場になっていて、参加者はタイムテーブルに沿ってそのあたりを回遊しながらあちこちで音楽が楽しめる。

野外ステージは見た目にも手作り感満載で、そのステージ上で演奏する「渚にて」を潮の匂いのする風が吹く中で見た時の感動が記憶に残っている。

大阪市の南にある堺市まで私が足を延ばしたことはそれまでほとんどなく、二〇一八年の「全感覚祭」に遊びに行った流れで会場に来ていた友人と堺東の駅前まで飲みに出かけた時、町の大きさに驚いた。

後になって調べてみれば堺市は大阪市に次いで人口の多い政令指定都市で、仁徳天皇陵をはじめとした「百舌鳥・古市古墳群」が観光の目玉になっていて、堺東はその堺市最大の繁華街で、と色々わかってくることはあるのだが、ＤＩＹ感あふれる郊外の祭りという感じだった「全感覚祭」から堺東の繁華街の広がりへと一気に目の前の景色が変わった時のインパクトが大きくて、堺と言えば湾岸の景色の中にふいに現れる大都市、といったイメージが今もずっと頭の中にある。

堺東駅前からすぐに広がる「堺銀座通り商店街」を歩き回ってみると、居酒屋がやたらたくさんある。特に、細い路地に立ち飲み店が密集している一帯を見た時はクラクラした。

一度冷静になって店を選ぶべく立ち飲みエリアから離れた方へ歩いていくと、入口にビールケースがうず高く積み上げられた「溝畑酒店」という店があり、その見た目からして名店の予

感。まずはここに入ってみることにする。

店内には左右の壁に向かってカウンターが設置されていて、左側には惣菜ケース、右側にはおでん鍋があり、いわゆる角打ちでありつつその域を超えたつまみが揃う店のようである。

美味しそうなものが色々目に入ってきて迷うが、その中から「海鮮炊き合わせ」をもらうことにして、瓶ビールの大瓶とともに味わう。

甘みのあるダシの中に大ぶりのハモやホタテやエビやイカがたくさん入った「海鮮炊き合わせ」は、季節によって具材が変わるそうで、夏場のみのハモは身がしまっていて特に美味しい。

穏やかな物腰でカウンターの両側にひしめく酔客たちをあしらっているお店の方（ご常連さんに「恵ちゃん」の愛称で親しまれている）に聞いてみると、店は創業七十年になるそう。

大阪市内から来たことを告げた私に「こっちは大阪に比べるとなんとなくゆったりしてるで

しょう」という。私の反対側のカウンターには賑やかなグループ客がいて、そちらから「○○さんいうたら、ガシの有名人やで」とか「ここは何食べてもうまい。ガシの名店や」などと話すのが聞こえて、なるほど、堺東のことを地元の人は「ガシ」と略すのかと知った。お店の方に言われた通り、「ガシ」にはどこか大阪市内と違う空気が流れているように感じる……と、まだこの町を何も知らないくせに早速思い始めている。

二杯目はどうしようかと壁のメニューを眺めると、「昔ながらの本格チューハイうまい、濃い」という文字が目に入った。注文してみると、麦焼酎の「いいちこ」を「ヤエスレモンサワー」という割り材で割るものらしい。お店の方がちょうどいい分量で割って出してくれる。「いいちこ」がグラスに結構たっぷり注がれたのを見ていたのだが、飲んでみるとその濃さを感じさせない爽やかな後味。この「ヤエスレモンサワー」の酸味がかなりキリッと強いため、

それがちょうどいいバランスで全体を引き締めてくれているのだろう。

ほろ酔い状態で店を出て、今度こそ先ほどの立ち飲み密集地帯へ。気になる店ばかりだが、その中から「平野屋精肉店」という店に立ち寄ってみることにした。

後で聞いたところによると、「平野屋精肉店」は精肉店の息子さんが始めた立ち飲み店だそうで、元となる精肉店はお隣で今も営業中。現在立ち飲み店になっている敷地にはかつて鶏肉屋さんがあり、その鶏肉屋さんの息子さんと精肉店の息子さんが同級生で、二人力を合わせてこの店を開いたのだとか。

店名の通り新鮮な肉系おつまみが売りで、牛串が部位別に色々と取り揃う。その中から選んだタン串も、「とにかく鮮度が重要なので遠慮せずにすぐ食べ切ってください」と言って出された「タン元ユッケ」も、どちらも思わずのけぞるほど旨い。

店のすぐ前にある老舗の豆腐屋「織田商店」の豆腐を冷奴として出してくれるメニュー「織田豆腐」も口の中でとろけるような旨さ。このような気ままな立ち飲み店に商店街のあちこち

の店とのつながりがあるということに面白味を感じる。

経営者の高齢化などによって徐々に活気が失われつつあったこの一画には、この「平野屋精肉店」同様、若い方がここ数年で新しく始めたお店が多いらしく、ガシの立ち飲みストリートとして定着していきそうな熱気を感じる。

別の店で飲み直しているところに、「ばきりノす」という声楽ユニットや電子音楽ユニット「Satanicpornocultshop」のメンバーであるガキさんが到着。ガキさんの出身は堺市の深井という町で、生粋の堺っ子なのだとか。ここぞとばかりに堺市というエリアについて話を聞く。

まず「堺とひと口に言ってもかなり広い」という。堺市の面積の広さは大阪市に次いで府内第二位で、堺東のあたりこそ大きな繁華街だが、「特に何もない場所も結構ある」とのこと。なるほど言われてみれば、実際に堺東の繁華街を歩いていても、賑やかなエリアがすとんと途

切れると、あとは静かな住宅街の間を巨大な道路が通っているという感じだった。あの先をずっと歩いていっても延々と同じ雰囲気の景色が続くのかもしれない。

　また、ガキさんは堺東を「子どもの頃はめっちゃ怖い町やと思ってた」という。とはいえ、堺っ子にとって、遊ぶ場所といえばどうしても堺東になるんだとか。不良がたむろしているし、酔っ払ったおじさんも大勢いるし、ある程度の年齢になるまではいつも緊張しながら歩いていたらしい。堺っ子が大人になっていくのには、まずはおしゃれして堺東の町を歩けるようになり、それをクリアして今度はようやく難波まで出る、という順序があるのだと、そんなことを教わりつつ遅い時間まで飲んだ。

　別の機会に、同じ堺市内の仁徳天皇陵近くで古墳型にご飯を盛り付けた「古墳カレー」という名物メニューを出している「花茶碗」というレストランを取材した。幼少期から古墳のそばに暮らし、その周りを遊び場にしていたという店主にとって古墳とは「当たり前のように身近にあるもの」だったという。

古墳の多くは神聖なものとして大事に守られてきた。特に仁徳天皇陵など、宮内庁が管轄する古墳は一切の立ち入りが禁止され、ようやくここ数年になって調査が始まったほどである。そして、そうやって手つかずになっていたからこそ、古墳は自然豊かな場所となり、タヌキの住処になったり、イタチがたくさん生息していたりするのだという。

それら堺市内の古墳も含む「百舌鳥・古市古墳群」が、二〇一九年七月にユネスコ世界文化遺産に登録されることになった。大阪初の世界遺産ということもあり、当然ながら大阪府としても大々的なPR活動を展開している。もちろん「花茶碗」の店主もそれを喜んでいらっしゃったが、一方で、これを機にたくさんの観光客が訪れるようになったら古墳も古墳の周辺も今までとは変わってしまうのではないかと、そんな危惧も言葉の端にのぞかせていた。

そうなれば当然、「百舌鳥・古市古墳群」へのアクセスの拠点として堺東の町にも開発の手が入ることになる。実際、堺東駅前に巨大なショッピングビルが建設される予定がすでにあるのだそうだ。

「開発」と聞いてなんでもかんでも拒否反応を示すのもよくないと思うのだが、ひょっとしたら雑多で活気にあふれた堺東の飲み屋街までもその影響を受けてしまいはしないかと、そんな少しの不安を感じつつ、あの路地を思い浮かべている。

【溝畑酒店】　大阪府堺市堺区北瓦町2-1-2　営業時間：16時～24時　定休日：日

【肉呑処 平野屋精肉店】　大阪府堺市堺区中瓦町2-3-5　営業時間：17時～24時　定休日：日

大阪酒日記その2

十三〜大阪城公園〜心斎橋〜神戸〜中津〜大正〜南田辺〜京橋〜新神戸〜我孫子〜京都

ある日。

今度シカクで展示イベントを開催してくれることになったマンガ家のRさんと昼過ぎに十三駅前で合流。展示の打ち合わせを兼ねて軽く飲む予定である。シカクの副店長・Tさんも来る。十三駅周辺には昼から開いている居酒屋がいくらでもあって素晴らしい。駅前を少し歩いてまずは「十三屋」へ。ビシッと筋の通った大衆酒場という感じ。どのつまみも安くてうまくて、紛れもない名店。混んでいることが多いけど、今日はちょうどよく席が空いていてよかった。

「十三屋」を出て「イマナカ」で立ち飲み。ここも好きで何度も来ているが、「十三屋」の〝正統派〟という感じとはまた全然違って、ごちゃごちゃした角打ちである。入店時は空いていたのに、いつの間にか大賑わい。この店に来るとだいたい四方八方からおっちゃんに話しかけられる。一人のおっちゃんの話を聞いているうちに別のおっちゃんが話しかけてくる。で、そこにまた別のおっちゃんが「ほらほら、若い人が珍しいいうて絡んだらあかん！　○○さんの顔見たら来てくれへんようになるで！　強盗みたいな顔して」「がはは！　誰が強盗やねん！　強盗やったらもっとええ店で飲んどるわ」みたいな感じで状況が混沌としてわけがわからなくなり、でもそのお祭りみたいなノリが好きである。

雑然とした店内の一角に映画のＤＶＤがずら

っと並んだ棚があり、店長に申請すれば無料で一週間レンタルできるという。映画好きの常連さんがどんどん持ってきて増えていったものだとか。Rさんはこの後の新幹線で東京へ帰るそうで、十八時頃に解散。
　残ったTさんと二人で中津に引き返し、ずっと気になっていた「けいちゃん」という立ち飲み屋で飲む。中津を牛耳っているらしき町会長のおっちゃんが飲んでいて、さらにその人は「いこい」の大将と大の仲良しらしく、なんだか一気に中津の酒マップが広がったような気がした。常連さんたちと色々話して楽しいひととき。

ある日。
　天気がいいので大阪城公園へ行くことにする。ブルーシートを敷いて缶チューハイ飲んで横になったりしてだらだら。大阪城公園はいつ来ても、それこそ一番賑わう花見のシーズンでも、どこかに居場所が見つかるからいい。お濠端の原っぱもあれば、木々の間にちょっと暗い場所があったり、エリアによって雰囲気も違うから誰でも好きなようにいられる。園内にコンビニがいくつもあって、酒やつまみがすぐ調達できるのも最高。野外音楽堂のすぐそばで音漏れを聴きながら静かに飲むのもまた乙なものである。

でも、例えば東京から友達が来て大阪を案内しようという時、なかなか大阪城公園に来ようとは思わない。よっぽど大阪城に興味がある人なら別だろうけど、まずはやっぱり大阪らしい下町の商店街にでも連れていきたくなってしまう。そういうところの美味しい店や面白い店を少しでもたくさん味わって欲しいと、ついつい欲が出るものだ。でも、そういうよさとは別に、大阪城公園で半日だらだら過ごす楽しみも確実にあり、こういう部分こそ、住んでいないとなかなか味わえないところだったりする。

そのよさは、この場所にずっと住んでいて、時間を無駄にしてもいい一日があるからこそ感じられるもので、こういう時間の積み重ねが「なんだかんだ言ってもやっぱりいい町だ」という思いにつながっていくのだろう。大阪城公園でぼーっと過ごす時間のなんてことない楽しさを東京の友達に伝えたい、と今日はふと思った。

ある日。

今日はＲさんが展示作品の入れ替えのためにシカクに来てくれており、せっかくだからシカクの二階で穏やかに飲もうということに。

ＲさんやＲさんの京都のお友達、シカク常連客のＹさんやＨさんも来ていて賑やか。店長のＴさんが作ってくれたおでんをみんなで突っつきながら飲む。

私がＴｗｉｔｔｅｒのアイコンにずっと使っている〝老人を描いたフリー素材イラスト〟について、「あれはなんなんですか？」とＲさんから聞かれる。「自分はずっと朗らかな老人に

憧れがあり、嫉妬や猜疑心から逃れた境地にたどり着きたい、という思いもあってあんなアイコンにしているんです」という主旨のことを伝えると、六十歳を迎えたRさんは、「六十歳になった時、最初はいつもの誕生日みたいに思っていたんですが、社会制度だとか、周りの目とかが変わってくるんです。それで、ああ老境に入ったんだなーと感じ始めました」という。若い頃は忙しくて大変で（今もRさんはお忙しそうだが）、その頃のバタバタした記憶が今では懐かしく、愛しく思い出されるという。「そういう意味では僕はいい感じに歳をとっているのかもしれませんねぇ」というRさん。本当に理想的な歳の取り方をしているように見える。こんな風に生きていけたら、といつも思う。今日もシカクに来る前に十三の「イマナカ」で飲んできたらしく、フットワークの軽さがすごい。

　それからRさんが「酒と酒の害悪について」思うところを色々と教えてくれるのを、まるで学校で大事な授業を受けているような雰囲気の中でみんな聞いていた。先生と生徒たちという感じだが、全員酒を飲んでいるのが面白い。「お酒が目的じゃなく酔うための手段になってしまってはいけない」とRさんは繰り返していた。

ある日。

心斎橋のロフトプラスワンウエストで、Oさん主催のトークイベントに出演させてもらう。スナックが好きで、実際にスナックで働いてもいるOさんゆえ、舞台の上にソファなどを絶妙に配置してリアルにスナックの雰囲気を作り出していて面白かった。いつものことだが自分は上手にしゃべれず、「うんうん！　うん！」と大きめの相づちを打っているだけで申し訳なかった。

二十三時ごろ、出演者もお客さんも散り散りになり、残ったOさんと、お客さんとして来てくれていたもう一人のOさん（近所でレズ風俗「レズっ娘クラブ」を経営している方）と三人で「居酒屋まいど」という店に行くことに。


ものすごい数のメニューが壁に貼られた、とっ散らかった空間。店内にコタツ席もあり、誰かの家みたいでもある。注文した発泡酒の缶がなぜか凍っていて開栓時にいきなり爆発したり、イベントの主催を務めたOさんが酔いつぶれて早々に寝てしまったり、色々なことが起きる。

その後、ロフトプラスワンウエストのスタッフ

であるMさんとWさんも合流。「いつも色々読んでます！　チェアリングもやってますよ！」と言ってくれたWさんは渋谷で「おでん屋ROKU」をやっていた方で、共通の音楽仲間がたくさんいることがわかる。今は京橋に住んでいるそうで、今度飲みましょうと話す。三時半頃、タクシーで帰宅。

ある日。

東京からやってくる酒場ライターのPさんと新大阪駅で待ち合わせ、そのまま神戸方面へ向かう。神戸駅に到着するとシカク常連客で神戸の酒事情に詳しいYさんが迎えに来てくれており、三人で「中畑商店」というホルモン焼きの店へ連れていってもらう。目の前の鉄板で次々焼かれていくホルモン（一本五十円から！）を甘辛いタレにつけて食べる。最高。前からYさんが「あそこは素晴らしいですよ」と言っていたお店だったので、立ち寄れてよかった。

その後、Pさんと二人でラジオの収録があって近くのスタジオへ向かい、緊張しながらなんとか出番を終える。そして終わるなり再び大阪へ向かう。

シカクでRさんの展示のクロージング飲み会

イベントが始まり、Rさんが天啓を受けるようにして思いついたという「ウニ羊羹」という珍味（虎屋の羊羹にウニを乗せたもの）を参加者全員で食べ、日本酒で流し込む。変な儀式みたいだ。ウニ羊羹はなんだか妙な味で、でも不思議と美味しかった。

その後はRさんがチョイスして持ってきてくれたジャズのレコードを色々聴きながら、Rさんの音楽遍歴の話に耳を傾けるひととき。なんと優雅で幸せな時間だろうか。あっという間に夜が更けてイベントはお開き。残ったメンバーで、Pさん直伝レシピによる肉豆腐をつまみにしばし打ち上げ。

ある日。

Rさんがシカクの展示イベントの搬出作業に来てくれることになっており、その後に飲みに行く約束。夕方、Rさんとその飲み仲間のHさんとともにシカクを出て外へ。「今日の店選びはナオさんにおまかせします」と言われ、嬉しいけど緊張する。責任重大である。梅田まで歩きながらなんとなく「大正がいいんじゃないか」と思う。大阪駅から環状線に乗って大正駅で下車。

まず「クラスノ」に向かう。混んでいることも多い店だから入れなかったらどうしよう……と思いつつ行ってみると、ちょうど三人座れる席があいているではないか。ツイてる。Rさんが「飲み会が始まるぞ！っていうこの瞬間の楽しさ、これこそ私がマンガで一番伝えたいことなんですよ！」と、美味しそうに一杯目のビールを飲んでいるので、自分も嬉しい。しかし「クラスノ」、いつ来てもつくづくいい店だな。

この一見不思議な店名は「クラスノヤルス

ク」というシベリアの地名から取ったもので、創業者がシベリアに抑留されていた経験を忘れまいと名付けたものだという。その創業者について、店の若き三代目が話しているのが聞こえてきた。それによれば創業者は今百一歳で、介護施設にいるそう。施設内で企画された習字の時間に「だし巻き」と書いたという。だし巻きは「クラスノ」の名物料理なのだ。焼き物は二代目が、だし巻きだけは三代目が担当するのがルールだという。店内には三代目の小さなお子さんや、先代の奥さん（こちらも百歳近いご年齢だとか）が入れ替わり現れたりして、家族の歴史が凝縮されたような感じがこの店の魅力だと思う。

店を出た後、仕事帰りのHさん、Yさん夫妻も加わって賑やかに。裏路地にある気さくな雰囲気の大衆酒場「畑分店」に入ることにする。

ここは店内も広くて、人数が多い時にちょうどいい。しばし歓談。

二十二時を過ぎ、「最後にもう一軒！」となる。少し悩んだ末、みんなが気に入ってくれるか少しドキドキしながら、以前取材させてもらった「sunset 2117」まで歩いていく。ここは、尻無川という川の水上に浮かぶボートがそのまま店になっている水上バー。暗い住宅街の路地をクネクネと折れ、急に川に出たかと思うと、「こんなところに店が!?」という感じでたどり着く。そこまで歩いていく過程も含めて、みんな喜んでくれたようでホッとする。

川の風に吹かれつつ、みんなでカクテルを飲む。「写真を撮って『いまマンハッタンに来ています！』ってSNSに上げたらみんな信じるんじゃないですか！」とRさんが言い、はしゃいで写真を撮り合った。


ある日。

前から行ってみたかった南田辺の「スタンドアサヒ」にHさんと飲みに行くことに。阪和線の南田辺駅で下車し、改札を出て歩くと店はすぐそこ。店内右手のカウンター席に二席だけ空きがあり、そこに通してもらう。この店のカウンターは、手前側にちょっとクッション性のある「腕置き」が設置されていて面白い。席の目に前にあるおでん鍋のおでん数種、ホタテやハモの子やかぼちゃの煮たのやふきなどが入った小鉢、きずしなど、お腹が減っていたので色々食べる。「なすでん」と呼ぶらしい「茄子の味噌田楽」がめちゃくちゃ美味しくて目頭がうるんだ。

Hさんの職場の愚痴に耳を傾けながら飲んでいると、隣に座っていた男女に声をかけられた。

聞いてみると、娘さんとお父さんとの二人で日中は落語を見に行き、帰りにここに飲みに寄ったんだとか。娘さんとの一日がずいぶん楽しかったのか、お父さんはかなり酔っていて、何の話をしてるんだか全然わからなくて笑えた。

「スタンドアサヒ」、いい店だなあ。ビールジョッキの描かれた可愛いマッチをもらって帰る。

ある日。

この前ロフトプラスワンウエストで知り会ったWさんと京橋で飲む約束。駅前で合流し、ずっと行ってみたかった「岡室酒店」へ。ものすごい混雑ぶりだが、店の外から店内にいる店長と目が合うと「どうぞー！」と大きな声。先にいたお客さんが体を寄せ合って隙間を作ってくれる。ギュウギュウで活気があって、すごい店だ。マグロぶつ三百円。安いのにしっかり美味しい。次々にお客さんが来るので、サッと二杯飲んで出ることに。

次に、こちらも前から気になっていた「S」という中華料理店へ。中国の方らしきママが一人で切り盛りしていて、カウンターだけの家庭的な雰囲気の店である。「こりゃあよさそうな店だ！」と期待に胸ときめいたのだが、ママの機嫌が悪いのか、やたら素っ気ない。前にテレビのロケでこの店が映った時は、すごくおしゃべりでチャーミングなキャラクターだった記憶があるのだが……。もしかして、自分かＷさんのどっちかが、ママに死ぬほど嫌な思いをさせた誰かにそっくりだったんじゃないか。そうとしか思えないほどぶっきらぼうである。実際、後から来た他のお客さんにはすごく気さくに接していたので、我々に問題があったんだろう。

　とはいえ、出てくる料理は美味しくて「いやー！　どれもうまい！」とか言いながら楽しく飲む。お店の棚に置かれていた「習水大曲」と書いた酒瓶が気になり、聞いてみるとアルコール度数が五十二度もあるお酒だという。白酒というものらしい。それをもらってチビチビ飲む。そのうちすっかり楽しくなってきたが、Ｗさんがタバコを吸っているとママが「その煙のせいで喉が痛いよ」「ああ、すごく痛い」と繰り返すので、さすがに居づらくなって出ることにした。

「最後にもう一軒！」と「京屋」へ。いつも通り、ガヤガヤした大衆酒場で落ち着く。ＥＣＤの話で盛り上がる。

ある日。

　せっかく朝早く目が覚めたし、天気がいいし、と少し考え、割と最近行ったばかりの新神戸の「布引の滝」にまた行くことにした。ヒーヒー言いつつ石段を登って滝までたどり着くと、天気のいい週末ということもあり、平日に来た時の三倍ぐらいは人がいる。「雄滝茶屋」も大賑わいである。入口手前のテーブル席では、グループ客が卓上コンロで肉や野菜を焼いていて楽しそう。どうも事前にお願いしておけば用意してくれるらしい。「混ぜてくれないかな」と思った。

この前来た時には食べられなかった「湯豆腐」を注文する。「ちょっとお時間がかかりますけどいいですか？」と店のお母さんが申し訳なさそうに言う。「ゆっくりで大丈夫です！」と言って缶ビールを買い、本を読みながら待つ。

しかし、気づけばそのまま四十五分ほど経過。こういう時、どうしていいかわからない。「時間がかかる」とは言ってたしな。さらに少し待ち、勇気を出して「あの……」と声をかけてみると「あ！」とお母さん。それからしばらくして出てきた待望の「湯豆腐」、具だくさんでめちゃくちゃうまい。もしかして、この五百円の湯豆腐と別に百円のおにぎりを注文しておいて、湯豆腐の鍋の具が半分ぐらい無くなったところでおにぎりを投入し、おじやっぽくするのが最高なんじゃないか。お腹をすかせて挑戦してみたい。

新神戸駅まで戻り、ハーブ園行きのロープウェイに乗る。「おんたき茶屋」からこのロープウェイが見えるので、いつか乗りたいと思っていたのだ。乗ってみると、急こう配をかなりの

スピードで行く予想以上の大迫力アトラクション。高いところが歳を重ねるごとに怖くなっていく自分にとっては、ほとんど絶叫マシンと言ってもいいほどのもの。

山上のハーブ園ではそこかしこからハーブのいい香りが。屋台でハーブティーを三百五十円で売っているのを買い、それズズッと半分飲み、リュックの中に入っていたカップ焼酎の中身を注いで「ハーブティーハイ」にする。ほろ酔い気分、綺麗な花、鮮やかなハーブの香り、山上からのいい眺め、これ以上何もいらない。

ある日。

二十時頃、家を出て我孫子駅へ向かう。今日は我孫子に住むHさんの家で酒を飲む約束。Yさんも来てくれる。Hさんは普段から豆腐しか食べないらしく、冷蔵庫にも豆腐が入っているだけ。それをいつもそのまま、何もつけずに食べているという。一応、麺つゆだけは台所にあり、心が弱ってどうしようもない時だけ豆腐にかけるんだそうだ。なんというストイックさ。

おすすめされるままに調味料なしの豆腐を食べてみたが、なるほど最初から何もつけなければ、これはこれで十分うまい。むしろ、日頃適当に済ませていた豆腐の真の味わいを今ようやく知ったような気すらする。と言いつつ、最後、残った豆腐に麺つゆをかけて食べてみたら、目玉が飛び出るかというぐらいうまかったけど……。豆腐をつまみに発泡酒を淡々と飲む、不思議な時間だった。

ある日。

夕方から京都方面へ。マンガ家のRさんに誘っていただき、Rさんと京都の飲み仲間との飲み会に混ぜてもらう。まずは「松川酒店」という角打ちで乾杯。こんな京都の中心地に渋い角打ちがあったなんて知らなかった。店の敷地にはかなり奥行きがあるように見え、構造が複雑。常連さんになればなるほど奥の方の秘密のエリアみたいな場所で飲むんだとか。銀色のお盆にそれぞれが飲み食いしたものを並べ、最後にソ

ロバンでお会計をしてもらうシステム。日本酒を何杯飲んだかは自己申告制だという。

その後、五条にある「モミポン」へ移動。ここはポン酢を作っている店で、普段はそのポン酢を販売しているだけなのだが、気まぐれなタイミングで飲み屋となり、店のポン酢やポン酢をベースに作るケチャップやマヨネーズで味付けした色々なおつまみを食べられるんだという。

若いマスターが手際よく作っていくつまみはどれも絶品。というか、ポン酢とケチャップがやたらうまい。どちらもちょっとピリ辛。もみじおろしの「モミ」なんだな。ユコウという果物の果汁で酸味をつけているとか。ポン酢とケチャップ、両方購入する。

その後、祇園へ移動し、Rさん行きつけの日本酒バーで二十三時頃まで飲む。今日はそのままRさんの京都宅に泊めていただくことになっ

ている。お世話になります！　発泡酒で締めの乾杯をし、それを飲んで寝る。

第三章

京都と神戸の酒場

時間の流れと一体化する酒

京都市・嵐山「琴ヶ瀬茶屋」

京都・嵐山、保津川のほとりにある「琴ヶ瀬茶屋」に初めて行ったのは二〇一五年六月のことだった。大阪に引っ越してきて一年ほどが経った頃だ。

その数年前、東京で会社勤めをしていた私は、パソコンに向かって仕事している風を装いつつ、酒場情報を検索してばかりいた。気になる店をみつけてはメモ帳ファイルにストックして行き、仕事帰りに訪ね歩くのが楽しみだった。

ある日、あれこれ検索して見つけたブログで多摩川沿いの「たぬきや」という川茶屋のことが紹介されていて、ピンとくるものがあった。居酒屋という言葉が当てはまる店ではない。川のほとりの売店という感じ。ピシッと張り詰めたような緊張感の漂う老舗酒場も好きだけど、川べりで風を浴び、日が暮れていくのを感じながら飲む酒もまたうまそうだ。そう思い、飲み仲間のパリッコさんを誘ってその「たぬきや」に出かけた。会社の半休を取って、昼下がりから日が暮れるまでそこで飲んだ時間の満ち足りた感覚は今も色あせない。自分が求めているのは希少価値のある料理や酒よりも、外の風にふれる空間で心地よく酔う時間なのだと確信した。
それから、東京に住んでいるうちも、大阪に越してからも、何度となく「たぬきや」に通った。行くたびに素晴らしい時間を過ごし、「次はいつ来られるだろう……」と後ろ髪を引かれながら帰路につく。東京にいた頃ならまだしも、大阪から行くとなるとどうしてもそんなに頻繁にというわけにはいかない。それが悔しくて、「たぬきや」で過ごすような時間を味わえる場所が関西にないかと探していたのが「琴ヶ瀬茶屋」を知るきっかけになった。

検索を繰り返しているうちに「琴ヶ瀬茶屋」について書いているサイトを見つけたのだが、川の近くで飲める場所であるらしいことがなんとなくわかる小さな画像と、対岸からボートを漕いでそこに行くことができるという情報ぐらいしか手掛かりはなかった。しかし、こういう風に限られた情報しか現れない店こそ自分が行きたい場所であることが多い。いい予感を信じて出かけることにした。

嵐山には以前にも来たことがあった。お寺をめぐったり竹林を歩いたり、観光客として訪れたことが何度かある。高校の修学旅行でも来たな。しかし、「酒を飲もう」と思って嵐山に来たのは初めてだった。

渡月橋を渡り、保津川沿いを上流に向かって歩く。渡月橋の周辺こそ観光客で賑わっているが、そこを外れると途端に静かな雰囲気になる。「この先にはもう何もないか」と思った少し先の川岸に黄色いボートが二艘置かれているのが目に入った。立札が脇にあって、「向岸の茶店にお越しのお客様はこの黄色のボートをご利用下さい 嵐山 琴ヶ瀬茶屋」と書いてある。やっぱり本当に自分でボートを漕いで行くのらしい。

思い切ってボートに乗ったはいいが、オールが水面にパチャパチャ当たるだけで一向に進んでいかない。それもそのはず、手漕ぎボートの進行方向が漕ぎ手の背面側であることすら知らず、私は逆向きに座ってしまっていたのだった。オロオロしていると対岸からエンジンを積んだボートがスーッとやってきて、「座る向き、逆ー！」と大声でこちらに指示してくれた。それからもかなり悪戦苦闘したが、お店の方が長い棒を使ってボートを引き寄せてくれたおかげでなんとか向こう岸にたどり着いた。

必死でボートを漕いで体に汗をかいていたが、それがスーッと引いていくように対岸は涼しかった。背後に山が迫っているせいか、空気がひんやりしているのだ。また、聞こえる音が少なくてシーンとしているのにも驚いた。さっきまで渡月橋の喧騒を味わ

っていただけに落差が大きい。

　川のすぐ際まで客席になっていてゴザが敷いてある。そこにテーブルと、向き合うようにして座布団が置かれているだけの簡素な客席だが、このシンプルさこそ究極という感じがする。お店の方が持ってきてくれたメニューを見ると「中瓶５００円」「チューハイレモン３００円」と、公園の売店なんかの価格帯に近い。おつまみの方も「おでん５００円」「イカ焼き４００円」「焼きそば５００円」といった感じで、居酒屋のように格安メニューが目玉になっていたりするわけではないが、必要とされるものを妥当な価格で提供してくれているようだ。

　ビールの中瓶と、小腹が減っていたので六百円の「そうめん」を注文した。目の前では、店員さんが川に釣り糸を垂らしている。それを見ながら、グラスのビールで喉を鳴らして、思った。これはいい酒場だ。東京から遠く離れても、ここにこんな場所が見つかったということがすごく嬉しかった。

　そうめんをすすり終えた後もまだまだゆっくりしたくて、ビールのお供に三百円の「下足焼き」を追加注文した。するとお店の方が、さっきうろたえている私をサポートしに来てくれたエンジ

ン付きの船の方へ歩いていき、その船の中に設置された焼き台でイカのゲソを焼き始めた。調理は船の上で行うらしい。

後でわかったことなのだが、この琴ヶ瀬茶屋は、保津川下りを楽しむ客の船にお酒やおつまみを売りに行く「売店船」でもあり、むしろ気候のいいシーズンにはそっちの売店船の方がメインのお仕事になるんだそうだ。川下りをしている人からしてみれば、船の上で焼きたてのイカが食べられるわけである。いい匂いもしてくるだろうし、そりゃあ注文するよな。つまりあれか、私が座っている陸地の側は、売店船にとっては食材や飲料を補給しに来る「基地」でもあるのだ。

のんびり飲んでいると、気づけば客は私だけになっていた。琴ヶ瀬茶屋では山の上から流れ落ちてくる水で飲み物を冷やしているのだが、その水の流れる涼し気な音だけが大きく聴こえる。店員さんが前方で釣りをしているが、何か釣れる様子はない。釣果など関係ないかのように悠然と構え、トンビが飛んでくると食パンをちぎって上空に放り投げて食べさせてやったりしている。それを私は黙ってずっと見ている。

前述の「たぬきや」には祝祭的な雰囲気があり、仲間とワイワイ飲み交わすのが楽しかったけど、この琴ヶ瀬茶屋はもっと静かに過ごすのに向いているかもしれない。時間の流れをじっくりと味わう……というか、時間の流れと一体化するような感覚。千年前に生きていた人も、それほど変わらない景色をここで見て、同じようにうっとりしていたのではないかと思えてくる。

帰り際、お店の方と言葉を交わした。「ここ、落ち着きますやろ。ここまで来ると人もいないし、鳥やらなんやら来ますし、それ見てたら楽しいんです」と言う。そう、まさに目に映るものをぼーっと見ていることの、ただそれだけの楽しさを感じさせてくれる場だと思った。

その後に「どうします？　ボートで戻ります？　歩いて行きます？」と聞かれてハッとした。ここは、対岸からボートに乗らずとも、山に沿って歩いて来ることもできる場所だったのである。再びボートを漕ぐには酔いが深まり過ぎていたので助かった。そもそもボートの扱いがわかっていないのだし、きっと溺れていただろう。

その後、私は何度も琴ヶ瀬茶屋に静かな時間を過ごしに出かけた。週刊誌の仕事で取材させてもらったこともある。そこで初めてじっくりお話を聞き、この店が創業百十年以上にもなる老舗であることや、川の目の前、というか川の一部かのような場所であるために水害の影響を受けやすいことなどを知った。

台風が来たりして水かさが増すと琴ヶ瀬茶屋の設備は簡単に流されてしまい、そのたびに作り直すのだそうだ。台風は毎年来るし、豪雨が続くこともしょっちゅうだし、その都度とは大変すぎる……と気が遠くなるが、お店の方々にとってはそれはいつものことであり、自然に抱かれたような場所で商売をしていく上では当然のことだと、その口調から強い意志を感じた。

ちなみに冒頭に書いた「たぬきや」は二〇一八年に閉店してしまったのだが、その理由も、度重なる台風の被害に対応するのが困難になったためということだった。このような場所で営業していくことがいかに大変か、自分の想像力が及ばないところである。

また、話に聞いた中で驚いたのが、初めて私がボートを漕いでやってきた時に棒で引き寄せてくれた人や、目の前で釣りをしていた人は、実は正式な店員さんではなく、この店が好きで毎日のように通ううちに手伝いをするようになった人々なんだそうだ。思わず「え！」と大きな声を出してしまった。まさかあの人たちも私と同じ「客」だったなんて。客を店員のように変えてしまうほど、この店には人を引きつける力があるということだろう。

　琴ヶ瀬茶屋はだいたい毎年三月中旬か下旬ぐらいから店開きをして、十二月中旬まで営業を続ける。そこから次の春までは長い休みだ。それ以外にも悪天候の日は休みになるし、水害のダメージを受けた時などは長期に渡って閉まる。自分が出かけられるタイミングと天候、気候がちょうどぴったり合うかはその時まかせなのだけど、うまくいけばあとあとまで忘れられないような時間を過ごすことができる。夏季には鮎の塩焼きがメニューに並び、春と秋には湯豆腐が食べられる。真夏に来た時、外はうだるような暑さだったのに、この場所だけはいつも通り涼しかったのも印象的だった。

　二〇二〇年になり、新型コロナウイルスの影響で世の中の様々な事柄が変化を余儀なくされた。大好きだった店の閉業が決まったという知らせも多く聞こえてくるし、琴ヶ瀬茶屋のことも（余計なお世話と知りつつ）心配していたのだが、七月になって慎重に営業を再開されたと、嬉しい知らせがあった。あの場所で、ま

た胸の奥がしんと落ち着くようないい時間を過ごせるのを楽しみにしている。

【琴ヶ瀬茶屋】　京都府京都市西京区嵐山元禄山町　営業時間：10時頃〜16時頃　定休日：12月中旬〜3月中旬までは休業、雨天や増水時は臨時休業

急こう配を登った先で飲む酒

兵庫県・神戸山茶屋めぐり「布引雄滝茶屋」「滝の茶屋」「旗振茶屋」「燈籠茶屋」

JR新神戸駅のすぐ裏手から始まるハイキングコースがある。急な坂道を進み、その先の長い石段を頑張って登っていくと「布引の滝」が現れる。正確には、「布引の滝」という名は四つの滝の総称で、一番大きいのが高さ四十三メートルの「雄滝（おんたき）」。見上げるとなかなかの迫力である。

その「雄滝」の脇、さらに山の上へと続く石段を登った先に「布引雄滝茶屋」という店がある。「山茶屋」と呼ぶのが的確だろうか。六甲山系を歩く登山客や滝を見に来た観光客向けの食堂兼売店で、ジュースを買ってベンチに腰掛け、ひと休みすることもできるし、おでんやラーメンなどの軽食メニューをつまみに瓶ビールや缶チューハイを飲んでゆっくり過ごしてもいい。

滝を見下ろすことのできる展望カウンターに座って飲むビールが最高にうまい。これだけでもう満足！という感じなのだが、名物の「湯豆腐」がまたすごいのだ。大きな土鍋に、豆腐だけでなく、白菜、ネギ、ちくわ、豚肉、鶏肉、焼き穴子、しめじ、とろろ昆布と様々な具材が入ってすごいボリューム。もはやこれは鍋料理である。当初はシンプルな普通の湯豆腐だったのだが、登山客からのリクエストにこたえていくうちにサービス満点メニューへと進化したという。

店のお母さんはいつも気さくに接客してくださり、ビールを飲んでいるとおつまみの枝豆がふるまわれたりする。大正四年からこの場所で営業を続け、百年以上に渡ってハイカーたちの憩いの場になっている理由がすぐにわかる店だ。息を切らしながら上まで登って来なければならないとはいえ、ＪＲの駅から徒歩二十分ほどという便利な立地なので、天気のいい日など、私はふらっと飲みに来る。

この「布引雄滝茶屋」の他にも、六甲山系には登山コースの要所要所に素晴らしい山茶屋が点在しており、それぞれに魅力的。

酒も酒のアテも充実していて気持ち良く酔うことができる。

阪急電鉄芦屋川駅から、駅名にもなっている芦屋川に沿って山側へ三十分ほど歩いていくと「高座の滝」という滝があり、その手前にある「滝の茶屋」も素晴らしい。店先では登山客向けにお菓子やカップ麺、飲み物などが販売されていて、店内はゆっくり食事をしていく人のためのスペースになっている。

天井を見上げるとランタンが所狭しと吊るされていて、いかにも山小屋といった雰囲気。「滝の茶屋文庫」と名付けられた貸し出し無料の本棚には登山関連書がたくさんストックされている。

店の中央にはおでん鍋がドーンと置かれていて目を引く。ダシの染みた大根と三色の串天を注文し、それをつまみにビールを飲んでみる。汗をかきつつ山を登った後で飲むビールはなんでこんなに美味しいんだろう。まあ、実際のところ「山を登った」なんて偉そうにいえるほどの距離を歩いたわけでもなく、最初からこの店を目指してきただけなのだが。

それにしても、改めて卓上のメニュー表を見てみると、「塩辛」「らっきょう」「出し巻」など、「どうぞお酒を飲んでください」と言わんばかりのつまみが揃っているではないか。お店オリ

ジナルの「ピリ辛四川ダレ」をつけて食べる「ギョーザ」なんか、最高である。輪切りのレモンがグラスのフチに添えられた「手作りチューハイ」がまたこれに合うんだ。もう、夜になるまでここでのんびりしていたくなる。

ほぼ居酒屋的な要素を供えていながら、あくまでここは山茶屋だ。店内には穏やかなムードが充溢しており、都会の居酒屋みたいに急き立てられるように次から次へと飲み進む必要もない。窓の外には鳥のさえずりが響き、登山客がひとときの安らぎを得ては去っていく。本当にうまい酒を求めている人はみんなやがてこういう場所にたどり着くのではないかと、そんな気がしてくる。

「滝の茶屋」を出て「高座の滝」の方へ進んだところにも「大谷茶屋」という茶屋がある。もともとあった店自体は店主の高齢化に伴って休業中なのだが、空いたスペースを利用して土日祝日のみ日替わりのスタッフが「六甲山カフェ」として営業を続けている。ここもまた、滝を間近にした露天席でくつろぎながら酒が飲めるスポットだ。

夏になると海水浴客で賑わう須磨海岸のもう少し西の山側に

「須磨浦山上遊園」という老舗遊園地があるのだが、この遊園地の近くにある「旗振茶屋」も大好きな店だ。

「旗振茶屋」へ最短ルートで飲みに行こうと思ったら、まずは山陽須磨浦公園駅から「須磨浦山上遊園」に向かうことになる。遊園地に遊びに行く家族連れと一緒のルートで山の上を目指すのだ。

　駅からロープウェイに乗り継ぎ、さらに「カーレーター」というガタガタと乗り心地の悪いことで有名な乗り物に激しく揺られて山上へ。ちなみにそこには「回転展望閣」という、座っていると床が自動的に回転してくれる喫茶施設がある。缶ビールを飲んでぼーっとしていさえ

すれば目の前にじわじわと海が広がっていく素晴らしいスポットなのでここにも立ち寄って欲しいのだが、目指すのはさらに先だ。「回転展望閣」から山道に入り、十五分ほど登っていくと「旗振茶屋」にたどり着く。
　小さな店で、「布引雄滝茶屋」や「滝の茶屋」に比べると店内でゆっくり落ち着けるという感じではないのだが、店の前、海に向かってせり出すように設置されたベンチ席がすごい。店内で飲み物を買い、外の席に座って

飲んでいると、神戸に暮らしてここに通いつめたくなってくる。ちなみに、店内はたいていご常連客で賑わっていて、みんなほろ酔い加減で気さくに話しかけてくる。私も何回か通って仲良くなれば、あの席に加わることも夢じゃないのでは？と思っている。もしそうなれば、旗振茶屋の未知の魅力がさらに広がっていくに違いない。

神戸市営地下鉄県庁前駅から三十分ちょっと山の方へ歩いた先にある「燈籠茶屋」の雰囲気も素晴らしい。「再度山（ふたたびさん）」という山の中腹にある茶屋で、この茶屋のある場所から特段見晴らしのいい景色が眺められるというわけではない。しかし、古い学校の校舎を思わせるような木造の建物がなんとも言えずいいのだ。もちろん、その中でゆっくりと酒を飲むことができる。

名物メニューの中華そばはスープが透き通っていて、あっさりしつつもじわじわと沁みいってくるような味わい。セルフサービスで冷蔵庫から持ってくるシステムの瓶ビールをグラスに注いでグッと飲み、中華そばのスープを飲み、と交互に延々続けられる。

ダシの味がしっかり感じられる玉子焼きも絶品である。これがレモン味の缶チューハイと妙

に合うのだ。心がしーんと静まり、「こんな時間を過ごすことができるんだから、人生まだまだ捨てたもんじゃない」と思えてくる。

犬を連れての散歩途中らしき家族が立ち寄ったり、老夫婦が定食やうどんを食べて行ったりして、山茶屋というより、もっと日常的な散歩の途中の立ち寄りスポットとして利用されているようである。朝の五時からお昼過ぎまでしか営業しておらず、早起きして山歩きをした者のみ、ご褒美としてここにやってくることができるのだ。

神戸は町から山までの距離があっという間で、そのことにいつも驚く。もちろん、急な斜面を登るのは決して楽ではないのだが、せいぜい三十分も登るだけで風景が劇的に変化する。そしてそこに「少しだけ日常を離れて心地いい時間を過ごしたい」という人の気持ちを汲んだ場所がきちんと用意されている。町の騒がしさに疲れたらふらっと山の上で息抜きをして、気持ちが落ち着いたらまた町へと降りていく（なんならそのまま海辺まで出たって大した時間はかからない！）という、そんなことが気軽にできるのは神戸ならではじゃないだろうか。

実際、神戸の町に住む人がみんな頻繁に山に登っているかといえばきっとそんなことはないのだろうけど、「気が向けばいつだって山や海まで歩ける」という思いが心の中に持てることがすでに贅沢なことだ。

「ちょっと思い切って出かければ神戸の山茶屋で旨いビールが飲めるぞ」と考えられることは、大阪に住んでいる私にとっても、風通しのよさをもたらしてくれているのである。

【布引雄滝茶屋】　兵庫県神戸市中央区葺合町布引遊園地45　営業時間：10時〜17時（土日祝は10時〜18時）　定休日：不定休

【滝の茶屋】　兵庫県芦屋市山芦屋町1　営業時間：8時〜17時　定休日：雨天時など不定休

【旗振茶屋】　兵庫県神戸市垂水区下畑町　営業時間：7時〜15時　定休日：不定休

【燈籠茶屋】　兵庫県神戸市中央区神戸港地方55　営業時間：5時〜13時（土日祝は14時まで）　定休日：木

歩いているだけで嬉しくなる町の酒

兵庫県神戸市・新開地ハシゴ酒

ＪＲ神戸駅から歩いて十分ちょっとの場所にある「中畑商店」に初めて行ったのは二〇一七年の三月ことだった。兵庫県に住んでいて、神戸のいい居酒屋をたくさん知っている飲み仲間の山琴ヤマコさんが「きっと気に入りますよ！」と案内してくれたのだ。酒場ライターのパリッコさんも一緒だった。ライターの金原みわさんが当時やっていた『金原みわの珍人類白書』というラジオ番組があり、そこにパリッコさんと私がゲストとして招かれ、その収録に来たついでに立ち寄ったのである。

中畑商店は、店内に置かれた鉄板の目の前の椅子に座り、店主が次々に焼いてくれる串焼きの中から好きなものを取って食べていくスタイル。一番安い「ホルモン」の串は一本五十円（現在は六十円になっている）で、それをニンニクの効いた自家製ピリ辛ダレにつけて食べる。こんなに美味しいのにこんな値段でいいんだろうか、と誰しも驚くはずだ。この店のホルモンは「フワ（肺）」のことなのだが、それ以外にも、「アバラ」、「シンゾー（心臓）」、「レバー」

の串焼きがあって、それもまた旨い。しいたけ串、ししとう串も捨てがたい。お皿で提供されるミノ焼きも絶品なんだよな……。

その時は小一時間もいられなかったのだが、私はそれだけで中畑商店がすっかり好きになり、その後も通うようになった。中畑商店がある場所は、かつて「稲荷市場」というアーケード街だった。一九九五年の阪神・淡路大震災のダメージを大きく受け、その後、徐々に商店がシャッターを下ろしていったという。今やその市場の面影はすっかり消え、中畑商店をはじめとした数店がその場で営業を続けているのみ。初訪問時にはまだアーケードが一部だけ残っていて、「稲荷市場」と書いた看板も写真に撮った。

それからしばらくしてそのアーケードも撤去され、

今ではまさかここにかつてアーケードのついた商店街があったなんて、想像する方が難しいぐらいである。一帯は再開発されつつあり、すでに高層マンションが建っている。まるで寄せる波にじわじわとその輪郭を削られていく孤島のように中畑商店のある一画が残り、それゆえに、時代とともに町が変わっていくということの容赦のなさとそれに抗いたい思いとの象徴のような存在になっているのを感じる。近くで「salon i'ma」というイベントスペース（現在、移転準備中）を運営する三宗匠さんや、稲荷市場に出会って神戸に引っ越してくることを決めたという文筆家の平民金子さんたちは中畑商店と家族ぐるみで深く関わり、活動の拠り所にしているように見える。

東京・四谷三丁目にある会員制スナック「アーバン」の店主を務める臼井はるかさんも、中畑商店に魅せられた人の一人である。臼井さんがこの店に初めてやってきたのは、仕事の用事で関西に来たついでに前述の三宗さんと一緒に飲もうということになり、案内されてのことだったという。

「天国みたいな店だなと思ったんだよね。それから関西に用事があるたびに行くようになった」とその時の模様を回想する臼井さんは、その後、中畑商店の近くに空き物件があることを知り、そこを借りて「アーバン・ウエスト」という支店をスタートする。あくまでメインの拠点は四谷三丁目の店舗だが、とはいえ、頻繁に神戸と東京を行ったり来たりする生活が始まるんだから思い切った決断である。

二〇一五年から三年間続いたその店も、開発に伴う地上げによって二〇一八年、急きょ閉めることに。しかし、どうしてもこの土地が好きでたまらなかった臼井さんは、その店が無くなった後も、中畑商店近くの空き地にテーブルを出して「アーバン・道」と名付けた飲みイベントを開催していた。と、そんな経緯を聞くだけでも、臼井さんがいかに中畑商店やその周辺を気に入ったかがわかる。というか、普通、どれだけ好きな居酒屋が見つかったとしたって、その近くにお店を作ろうとまでは思わないだろう。

「中畑商店とか新開地のあたりが自分にぴったり合ったんだよね」と語る臼井さんは大の旅行好きで、国内、海外問わずフットワーク軽くあちこち旅しているのだが、東京で生活しながらも自分にとって本当に居心地のいい場所をいつも探していたという。自分の持っているお金の中で無理なく気ままに過ごせる場所、と考えた時に「ここだ！」と感じたのが、中畑商店から新開地、湊川へと至るエリアだった……。私が臼井さんからそんな話を聞いているのは、新開地の立ち飲み店「冨月」のカウンターである。

中畑商店の前の道、かつての稲荷市場のあった道をほぼまっすぐに歩き、国道二号線を渡ってさらにずんずん進んでいくと十分ほどで新開地の町だ。「冨月」は競艇の場外チケット売場である「ボートピア神戸新開地」の数軒隣にある立ち飲み店ゆえ、店内のテレビ画面にはいつもボートレースの模様が映し出されている。

ここに来たらいつも「サンドウィッチの具」を食べる。そういう名前のメニューがあるのだ。ゆで卵を潰してマヨネーズと混ぜ合わせたのときゅうりとハム。本当にちゃんと「サンドウィッチの具」だ。そして、「酒のアテってこういうので十分だよな」と思わせてくれる旨さ。まさかサンドイッチからパンを取り外すだけでつまみになるなんて。

会計はキャッシュオン。チューハイは三百円だし、レトルトのハンバーグをレンジでチンしたものにケチャップとマヨネーズを添えただけの「チンドバーグ」というメニューがあるし、とにかく手軽なものを安く、気取らずに提供してくれる店なのだ。臼井さんは「冨月」が好きで、神戸に滞在している時は遅めのモーニング感覚で「サンドウィッチの具」をつまみに昼から飲んだりす

るらしい。

　この店の前身は「風月堂」という焼肉店。阪神・淡路大震災で店が全壊した後も再起して営業を続け、二十年ほど前に「冨月」と名前を改めて立ち飲みスタイルになったそう。今でも事前に予約すればグループ客向けに二階で焼肉を食べさせてくれるのだとか。臼井さんが以前ここで焼肉パーティーをした時の模様を楽しそうに語っているのを聞き、私も仲間を誘っていつか必ずこの店の二階で豪勢に飲むぞと誓いを立てた。

　舟券売り場が近いこともあって、「冨月」のあたりは路上で酒を飲みながら競艇新聞に目を落としている人々の姿をよく見かける。周辺には「冨月」に負けず劣らずの庶民的な価格帯の立ち飲み屋や居酒屋が多く、どの店も酔客で賑わっている。「酔っ払いの町」という印象で、私なんかにとっては居心地がいいが「あのあたりには近づかない方がいい」と子どもが親に言いつけられるようなエリアでもあるらしい。

「このダラーっとした雰囲気、いいなー」と、店を出て歩きながら私がつぶやくと、臼井さんは「でも昔はこの辺が神戸で一番栄えてたんだよ」と言う。三ノ宮・元町エリアに神戸の中心地が移る前、一九六〇年代頃までは神戸といえば新開地だった。そういえば以前、神戸の大衆食堂や大衆酒場をめぐり歩き、たくさんの著書に書き留めているライターの大先輩・芝田真督さんと新開地で飲んだ際、待ち合わせ場所の湊川公園で芝田さんが「ここにタワーがありました。当時、神戸で一番高い建物だったんです」と指差した。その先には時計塔が建っていて、かつてここに「神戸タワー」があったことを記すプレートが設置されていた。

「このタワーからは神戸市内がくまなく展望でき（中略）東洋一だと神戸っ子のもっぱらの自慢でした」と、プレートに記載されている。一九二四年に建てられ、一九六八年に老朽化を理由に取り壊されたという。町の繁栄のシンボルとして国内最大級のタワーが建てられたということからも、当時の新開地のイケイケな勢いが想像される。

さて、その湊川公園からすぐの位置にある大衆酒場「丸萬」の前まで臼井さんと歩いて来た。ここでもう一杯飲んでいくことにする。「丸萬」は創業七十年以上になるという老舗。調理場の周りをカウンターが大きく囲み、その外側にテーブル席がいくつか置かれている。広々としたスペースに開放感を感じつつも、どこかビシッと背筋が正されるような正統派な雰囲気がある。

ここのレモンサワーは関西の居酒屋では珍しく、焼酎と割り材が別々に提供されるスタイル

で、しかも兵庫鉱泉という地元の飲料メーカーの「マスコット」というレモン風味の炭酸水を使っている。酸味が強く、すっきりした後味で私は好きだ。

以前、パリッコさんと東京・板橋あたりでハシゴ酒をした帰り、そのままふらふらと池袋方面へと歩いた。途中、シャッターの下りた酒屋の前に「ご自由にどうぞ」と貼り紙のついた箱があり、中にジョッキやグラスやおちょこなどの酒器がいくつか入っている。酔った勢いもあり、「おお！　これもらって帰りましょうー！」と二人で盛り上がり、その時の私がなんとなく手に取ったのがこの「マスコット」のロゴ入りのグラスであった。

当時はそれがなんのロゴマークなのかも知らず、「ＭＡＳＣＯＴ」の文字が愛らしく思えて手に取っただけだったのだが、まさか関西に引っ越してきて、このような形でロゴの意味を知ることになろうとは。ちなみにそのグラスは今も愛用中である。

この「丸萬」も臼井さんの行きつけで、いつも食べるのが「シソ巻」の〝裏巻き〟だとか。食に疎い私は裏巻きの意味がわからず、「えっ？　裏メニューみたいなものですか？」と驚いてしまったのだが、「ほら、メニュー見て！　ちゃんと書いてあるでしょう」と臼井さんに促

された壁のメニューには確かに「シソ巻（表・裏巻）」と書いてあり、好きな方を選べるようになっている。

運ばれてきたその「裏巻き」を箸でつまみながら、初めて感じている新鮮な食べごたえを顔には出さず、わざと平静を装ったまま口だけ動かしてみる。酔いによこしまな気持ちが刺激され、ちょっと通ぶってみたくなった。

こんな私が、いつか新開地や湊川の町並みを当たり前のような顔で歩ける時が来るだろうか。そんな風になりたいとも思うが、未知の世界に出会えそうで鼓動が速くなるこの気持ちが消えてしまうのが、なんだかもったいないようにも思う。

【中畑商店】　兵庫県神戸市兵庫区東出町3-21-2　営業時間：10時半～19時　定休日：木、第3水
【冨月】　兵庫県神戸市兵庫区新開地4-6-16　営業時間：13時～21時　定休日：不定休
【丸萬】　兵庫県神戸市兵庫区福原町27-5　営業時間：14時～21時　定休日：火

生活感まる出しの京都を味わって飲む酒

京都市・京都駅周辺角打ちめぐり

いつからか、京都で酒を飲むとなれば真っ先に角打ちを思い浮かべるようになった。引っ越してくるまでほんの数回しか歩いたこともなかった大阪の町とは違い、京都へは大学時代に何度も通っていた。私はその頃、いとうせいこう・みうらじゅんの二人による『見仏記』の影響をそのまま受けて仏像めぐりに没頭しており、バイトをして旅費を稼いでは、泊りがけで京都の寺院の名だたる仏像を見に行くということを繰り返していた。

寺の朝は早い。一日にできる限り多くのお寺をめぐろうと思えば、自然とかなり朝早くから行動することになる。そうでなくてもまだ当時の自分は一人でふらっと居酒屋に入るなどという勇気を持ち合わせていなかったため、夕方に寺めぐりを終えたらすぐ近くの飲食店で丼ものなどをかき込み、ビジネスホテルでさっさと寝るだけであった。今思えば旅の夜に楽しみがまったくないなんてストイックだなと思うが、居酒屋めぐりの面白さなど露ほども知らなかった頃のことだ。

そうやって仏像目当てで接近していった京都だっただけに、〝酒目線〟でとらえ直すことがなかなかできなかった。「京都は僕にとって酒を飲むところではなく、歴史を感じに行く場所なんですよね」と若かりし自分なら格好をつけたことを口走っていた可能性もある。

河原町の有名店「京極スタンド」に初めて飲みに行ったのはいつだったろうか。とにかく京都に通い始めてだいぶ経ってからのことだったのは確かだ。いい店があると聞いて思い切って一人で入り、活気あふれる店内で瓶ビールを飲みながらおでんか何かをつまんでいたら、隣の席のご婦人に話しかけられた。そのようには見えなかったが、七十代になるんだと言っていた。「明るいうちからここでビールを飲むのが好きなんです」とおっしゃる素敵な方だった。

しかし、その「京極スタンド」も私にとって日常的にふらっと入れるような店かというとそうではなく、飲み物、食べ物の価格帯的にもやや贅沢というか……いや、自分がケチなことを言っているのはわかっているのだが、毎日気軽に立ち寄れる場所ではないように思えた。さらにそれから時が流れ、大阪の酒シーンにどっぷり浸かってしまった後となってはなおさらハードルが高いものに感じる。

鴨川沿いの「赤垣屋」も、二〇一九年に閉店してしまった「よしみ」も、京都に詳しい友人に連れていってもらった老舗酒場はどこも「こんなに美味しい食べ物って実在するの⁉」と驚くほどに絶品の料理が味わえ、それを食べながら飲む酒もまた後々まで記憶に残るうまさなのだったが、やはり私にとってはどこか背伸びして入る店なのだ。

「京都は贅沢なものをそれなりにいい値段で味わいに行く町なのかも」となんとなく思っていた私の認識が変わり始めたのは、烏丸や河原町よりもゆったりした雰囲気の漂う西院あたりの居酒屋を知ったこと（特に「折鶴会館」という飲み屋密集地帯には安くてうまい店ばかりが集まっていて衝撃的だった）、居酒屋取材で京都市の東側にある山科を訪れ、いわゆる京都の碁盤の目の外にはまた全然違う文化圏があることを知ったことなどがきっかけだった。

そうやってじわじわと京都が身近なものに感じられ出した頃、京都市内で暮らす友人や、京都が好きで頻繁に通っているマンガ家のラズウェル細木さんから「京都の角打ちが面白い」という情報を聞きつけたのであった。そうやって教わった烏丸駅近くの「松川酒店」、地下鉄五条駅近くの「八星酒店」とも、安心して飲める価格帯で（角打ちなのだから当然かもしれないが）、絶妙に気の利いたおつまみが用意されていて、京都をおそるおそる歩いていたあの頃の自分からは想像もつかないほど落ち着いた気分で過ごすことができた。

京都の中心地から外れた場所にだけでなく、繁華街の中にも探してみれば生活感のあふれる酒場が見つかることを知った私は、それ以来、「角打ちはないか」と周囲をきょろきょろ見回しながら京都を歩くようになっていた。

ある時、そんな自分にとってうってつけの取材仕事が舞い込んできた。京都駅周辺の角打ち店をハシゴしてレポートを書くというものだ。京都在住で、京都はもちろん関西の酒事情に詳しいライターの泡☆盛子さん、そして編集担当さんと私。この三人で昼から気ままに飲みつつ、それを記事にしてまとめるという、〝記事にまとめる〟の部分以外は楽しいだけのありがたい仕事だった。

取材当日、最初に向かったのはＪＲ京都駅から徒歩三十分弱の距離にある「橋本酒店」だ。駅から三十分と聞くと長い距離に思えるが、途中には「梅小路公園」という芝生の広がる公園があり、散策気分でのんびり歩いていけば案外あっという間である。実際私はそれ以前に一度この「橋本酒店」を訪れたことがある。その時は「梅小路公園」内の「京都水族館」を取材し終え、その足で一杯ひっかけに向かったのもあってまったく遠く感じなかった。

七条通りの大きな道路沿いに商店街が見え、軒先で食料品を売る店が目に入る。一見すると食料や生活雑貨を売る店にしか見えないそここそが目的地の「橋本酒店」である。店の外と内

とに仕切りはなく、外からそのまま歩いて奥へ進むと角打ち客用のカウンターが現れる。

店内の冷蔵庫から客が好きな飲みものを持ってきて飲むスタイルで、これぞ角打ちという感じだ。ボトル入りの地酒や焼酎のみ、お店の方にお願いしてグラスに注いでもらうようになっている。

そこに合わせるおつまみ類は、店内の商品棚からスナック菓子などの乾き物や缶詰類を選んで来てもいいし、先ほど通り過ぎた店先へ戻れば、そこにはパック入りの惣菜が並んだ冷蔵ケースがある。煮物や天ぷらなど色々あってどれも美味しそうだ。そこからタケノコの煮ものと天ぷら盛り合わせを取り出し、まずは缶ビールで乾杯することにした。

まだお昼を過ぎたばかりの明るい時間帯だが、カウンター前には常連さんがずらりと並んで賑やかだ。取材に来た私に対して「ここはええ店や！　ええように書いたってな！」とみんな気さくにあれこれ教えてくれる。店の歴史は百年近いそうで、店主の案内で見せてもらった裏の倉庫スペースには、いたるところに年季の入った調度品が見えた。

奈良の老舗漬け物店「加藤商店」から仕入れている奈良漬けもこの店一押しのおつまみで、店頭のケースから好きなサイズのものを選べばそれを切って出してくれる。酒粕の風味がまるで結晶のように凝縮された一品。酒が進む味わいだ。

この店の会計は、角打ち店に多いキャッシュオンではなく、それぞれの客が注文した品を店主がカウンターの表面にマジックペンで直接書いていき、それをもとに後で計算するというスタイル。ホワイトボードに書くためのペンを使っているため、ふきんで拭えばすぐに消すことができ、また新しく書ける。「お客さんが袖で拭ったらごまかせてしまいますね！」と泡さんが笑いながら言うと、「うちは紳士淑女の店やから、誰もごまかさへん」と店主が胸を張るのだった。客筋のよさがこの店の宝なのだという。

「橋本酒店」を出て、一旦京都駅へ逆戻り。今度は駅の反対側、八条口出口から近い角打ち店を目指す。残念ながらお店の方いわく店の名前は伏せて欲しいとのことだったが、大きな窓から日差しが店内に差し込む明るい雰囲気の店で、お店の方がおすすめのおつまみやお酒について親切に教えてくれた。

この店も、いわゆる普通の酒屋にあるような冷蔵ケースから好きな飲み物を客が選び、テーブルまで運んで自由に飲んでいいシステムだ。カウンターの上に並ぶつまみ類は、天ぷら、焼きたらこなど、手作りのものが中心。もちろん乾き物や缶詰といった既製品をチョイスしてもいい。私は、お店の方が今まさに手作りしている最中で、もうすぐできあがるという「大根きざみ」をいただいてみることに。

「大根きざみ」は、刻んだ大根とみぶ菜を、丸めた手でおにぎりのように強く握って白ごまをふったもの。一握りが五十円という驚きの値段だ。おせち料理で出てくる「紅白なます」のような甘酢っぱい風味で、シャキシャキと歯ごたえがいい。このあたりの地域の日常食で、惣菜を売っているような店にいけばたいてい売られているという。

その店を出て一分もしないうちに次の目的地である角打ちが見つかった。こちらの店も店名は伏せて欲しいとのこと。このあたりの角打ちはどこも長年通い続けてくれるご常連をとにかく大事にしていて、その方たちに迷惑がかからぬようにという配慮から取材は受けていないようだ。とはいえ、一見である私たちにもみんな優しく接してくれる。

　店内は十人も入れば満席になりそうなスペース。すでにご常連さんたちの熱気がムンムンと漂っており、隅の方に空いていた席に座らせてもらうと、一人の常連さんがご自分の波乱万丈な人生についてものすごい勢いでしゃべり始めた。幼い頃は南の方に住んでいて、その頃はいっぱしの不良だった。「えっ！」と驚くぐらい若い年齢の時にお子さんが生まれ、それから日々仕事に精を出してきたと、そのような話を三十分前に会ったばかりの私が聞いているというのが妙に面白い。

　夢中で聞いているうち、離れた場所に座っていたお客さんからおつまみのおすそ分けがいきなり運ばれてきたり、「裏メニューのオムライスがうまいで！」と別のお客さんにおすすめされたり、気がつけば、どっちを向いていたらいいかわからぬほどの混沌状態が生まれている。私が酒場で酒を飲んでいて何より高揚するのは、こういう風に収拾のつかないカオスな状況が生まれる瞬間である。ある時期までは敷居の高ささえ感じていた京都で、こんなにもごちゃごちゃした飲みのひとときが味わえるなんて！

外に出てみればすっかり日が落ちていて、自分の足元がもうふらついているのがわかる。最

後にかなりの勢いで飲んだ「氷結」が効いたようだ。今日、無事に大阪まで帰れるかな……とほんのり不安に感じつつ、そんな風になるまで京都で気を抜いて飲めるようになった自分がなんだか嬉しくもあるのだった。

【橋本酒店】　京都府京都市下京区西七条南中野町48　営業時間：月～土10時～18時半
日・祝10時～18時　定休日：2日・12日・22日　不定期に月1回連休

大阪酒日記その3

新神戸～京都～日本橋～新今宮～新開地～中津～西中島南方～新今宮～京都～梅田～京都～十三～今宮戎

ある日。

マンガ家のRさんと、Rさんの紹介で先日京都で一緒に飲んだKさん、そしてシカクの常連Yさんと私の計四人で新神戸・布引の滝の「雄滝茶屋」で飲む。何度も行っている「雄滝茶屋」だが、事前に予約すると「ミニ会席」というのを出してくれるそうで、ずっと気になっていた。今日はそれを予約してある。一人千二百円という価格で色々出してくれるという。

十三時半に新神戸駅改札に集合し、駅裏手の急こう配をふらふらと登る。いつ来ても「こんなに急だったっけ?」と思う。息が切れる。

お店にたどり着き、名前を告げると奥の特等席に通される。「ミニ会席」は一品ずつ時間をかけて作ってくれるようで、刺身や天ぷらや小鉢もろもろ、お蕎麦、最後にはご飯も出てくる。これで千二百円とはすごいサービス。瓶ビールや日本酒を飲みつつそれをゆっくり味わう。各地のうなぎの食べ方に詳しいＲさんのお話を聞きつつ、たまに外の緑に目をやって、なんと優雅なひとときだろうか。時間を忘れる。

しかし、本当に時間を忘れていて、時計を見て驚いた。家の用事で十六時半には新神戸駅から電車に乗らなければならないのだが、もう十六時近いではないか。さっきまで十四時だったはずなのだが……。もう少し飲んでいくという三人を残し、一人だけ大急ぎで下山。こんな寂しい気持ち、久々だ。

ある日。

東京から京都に旅行に来ていたＫさんと、夕方に新幹線に乗って帰る時間まで飲もうという約束。十一時頃に家を出て、天神橋筋六丁目駅から阪急で河原町駅へ向かう。

高瀬川の脇で待ち合わせて、「みよし」のラーメンを食べて腹ごなし。スーパーで缶チューハイを買って飲みながら鴨川を散歩する。以前に教わった角打ち「松川商店」にでも行こうと思ったが、Ｋさんいわく残念ながらそれほどの時間はないとのこと。鴨川沿いを延々歩いて京都駅方面へ向かうことにする。

今日は暑い。途中でチューハイがなくなり、コンビニに立ち寄って「ＩＣＥＢＯＸ」を購入し、そこに甲類焼酎を注いで飲む。鴨川は昨夜の豪雨で水量が増している。途中の飛び石が水没しているほどだ。

ようやく京都駅近くまでたどり着き、立ち飲みの「いなせや」でサッと飲む。駅からすぐで、酒もつまみも安くて美味しいこの店。なにかと使い勝手がよくてたまに来る。「懐かしの下町チューハイ」という、東京の「焼酎ハイボール」的なお酒が一杯二百円。ありがたい。いつ来ても賑わっているが、夕方のちょっと空いている時間で居心地がよかった。あっという間にKさんが新幹線に乗る時間になり、自分も同じタイミングで大阪へ帰ることにする。

一旦帰宅して冷たいシャワーを浴び、再び外へ。なんば駅でMさんと合流。日本橋駅近くの焼き鳥屋へ。前々から飲みましょうと言いつつ果たせていなかったのが、ようやく乾杯できた。お互いが何者なのかを説明し合うところから始まる、そわそわした時間。

しばらく飲んだ後、味園ユニバースの目の前にある日宝河原町会館というビル内の「喫茶穴」というバーへ連れていってもらう。Mさんのお気に入りらしい。

古めかしい雑居ビルの一室で、ドアを開けるとそれほど広くないスペースにマンガがうずたかく積まれている。自分が会ったことのあるマンガ家の方の作品もあり、「この人、会ったこ

とあります！」とか、しょうもない自慢をしてしまう。「大阪の難波の、隠れ家っぽい場所で飲んでいるぞ！」と、ちょっと嬉しくて調子に乗っていたかもしれない。

ある日。

ライターのOさんが東京から大阪へ来ていて、「飲みませんか」と声をかけてもらった。新今宮駅前で合流することに。立ち飲みの「難波屋」へ向かうが、勘で歩いていたら道に迷った。今池のスーパー玉出の向かいのおでん屋「深川」あたりに出たので、まずここで乾杯することに。おでん盛り合わせと瓶ビール、二人で千六百円。路地裏で立って食べるおでん、最高だ。

今度はちゃんとナビで道を調べて「難波屋」へ。カレーの〝ルーのみ〟や冬瓜などを食べながらチューハイを飲む。ここは二人で千四百円。

次にホルモンうどんの「きらく」へ。あまーい脂、そしてゴロゴロしたモツ。なんだろう、この妙なうまさ。「臭みが一切ない！」とかじゃない、風味の濃いホルモン。Oさんも気に入ってくれたようであった。

さらにもう一軒、この前ふらっと入って気に入った「なべや」へ。水炊き鍋を二人で一つ注文し、それを突っつきながら飲む。Oさんはすでにへべれけ。お子さんの話をするのだが、「お子さんは男の子？　それとも女の子ですか？」と何回聞いても話が別の方向に行ってしまい、結局どっちだかわからない。そんな状態なのに今晩ロフトプラスワンウエストでトークイベントに出演するという。ちょっと心配になり、十六時前に早めの解散。Oさん、大丈夫だったろうか……。

ある日。

神戸駅から歩いてホルモン串の「中畑商店」へ。以前自分が週刊誌で取材させてもらった時のページを印刷したものがファイルに入って店内に置かれていて、そんなことは稀なので嬉しい。「中畑商店」のある稲荷市場エリアを盛り上げようと色々活動しているMさんがやってくれたんだそう。ありがたい。

しばらく一人で飲んでいるとマンガ家のRさんやそのお仲間たちがやってくる。みんな東京から「青春18きっぷ」を使い、電車を乗り継いで来たという。昨日、甲子園球場で高校野球を観戦したそうで、Rさんたち一行は甲子園で冷えたビールを飲むためだけに毎年こうして関西に来るのである。直射日光ギンギンの夏の甲子園で飲むビールがどこで飲むビールよりも美味しいんだとか。さすが酒の道を究めんとする人々だ。酔狂とはこのこと。

シカク常連のＹさん夫妻も加わり、みんなでワイワイ飲む。一本五十円のホルモン串でも、大勢で何十本も食べたから結構な額になった。

店を出て、Ｙさんの案内で新開地方面へぞろぞろと歩く。「新開地」という地名に何か胸ときめくものを感じてはいたが、来るのは初めてだ。住宅街と歓楽街の混ざったような不思議な雰囲気で、いくらでも面白い店がありそうである。お盆時期ということもあってか今日は閉まっているお店が多かったけど、またじっくり再訪しなくては。

少し歩いた先の大衆酒場「丸萬」へ。ビシッとした雰囲気の広い店で、客席のエリアごとに店員さんがついて世話をしてくれる。関西では珍しく焼酎と炭酸が別々に提供されるレモンチューハイが美味しい。閉店ギリギリまで賑やかに飲んで解散。新開地の雰囲気がいつまでも後を引く。

ある日。

中津の居酒屋で週刊誌の取材あり。広島カープのファンが集う店をピックアップする特集企画で、「ココロ」という名前のお好み焼き店へ。

店主がとても気さくに対応してくれたおかげで取材はスムーズに進む。ちょうど広島対巨人戦が行われており、お店に集った常連さんたちとテレビに釘付けになりながら飲む。結果、二対一で広島が勝って店内は熱気ムンムン。ご機嫌の店主に薦められるまま「カープチューハイ」と名付けられたトマトハイを五杯六杯と飲む。店主も自分もかなり酔ってきて、気づけば「この店どうしていったらいいと思います？」みたいな相談を受けており、「いやー！　どうしたらいいんでしょうね」とロクな返事もできない自分。

　フランスの友人Oが日本に来ていて、「大阪にも立ち寄るから飲もう」と約束していたのだが、だいぶ遅れて合流することになってしまった。

　すぐ近くの角打ち「おおにし」まで来てくれているOのもとに、近所に住むミュージシャンのTさん夫妻、シカク常連客のHさんがすでに集まっており、みんなに「遅いよ！」と言われる。しかもすでに酔っているところに焼酎をロックで二杯三杯と飲み進み、なんの話をしたのだったかまったく憶えていない。みんなの終電時間近くまで飲み、自分はふらふら歩いて帰宅。

ある日。

　昨夜飲み過ぎたせいで、ものすごい二日酔い。トイレの前にうずくまり、布団に横になり、それを交互にを繰り返す。苦しさに悶えつつも、今日は午後から取材に行かねばならない。

天神橋筋六丁目駅から天下茶屋駅へ。駅から十分ほどの場所にある大きな企業の社長さんにお話を聞くという取材だ。そこへ向かう途中も吐き気が込み上げてくるような状態だが、なんとか取材中だけは人間らしい姿になってがんばる。無事終了して時計を見ると二時間近く経っている。よくやったぞ自分。

ふらふらと帰路につき、家にたどり着くなり布団に倒れ込む。昨日に引き続き、フランスから来ているOと二十時頃からと飲もうと約束している。十九時ぐらいになってようやく二日酔いが引いてきた気がする。よし、なんとか飲めそうだ！

「御堂筋線沿いだと助かる」と言うO。「心斎橋あたりはガヤガヤしていて今の気分じゃないし、中津は昨日行ったしな」と、消去法で西中島南方駅に集合することに。いい店と評判らしい駅近くの「金獅子」という立ち飲み屋へ。スーツ姿の人たちですごい盛況ぶり。

メニューを見てみると飲み物もつまみもやけに安い。二百九十円の「牛すじ赤ワイン煮込み」を頼んでみると量も多くて味もよく、大満足。まあ、自分はまだ胃の具合が本調子とは言えず、一口食べるのがやっとだったけど……。そんな自分でも、寿司屋で出てくるような生姜がたくさん入って甘みのある「ガリ酎」はスイスイ飲めた。一杯五円というサービス価格の「鶏スープ」が美味しくて、Oはそれを四杯もおかわり。

昨日に引き続き駆けつけてくれたシカク常連客のHさん、なんと今日が二十七歳の誕生日だとか。仕事帰りのGさんも後から加わり、「二十七歳の頃に何をしていたか」というテーマで歓談。自分でいえば十年ちょっと前か。それまでフリーターとしてふらふらしていたのが、ようやく東京で会社勤めをし始めたぐらいの頃だ。そのおよそ十年後、まさかこうして大阪の西中島南方なんて読み方もわからなかった町で「ガリ酎」を飲んでいるとは、不思議なものである。

三杯飲んだところであっという間に終電の時間が迫る。みんなで御堂筋線に乗って帰路につく。

ある日。

埼玉県から取材旅行に来ているライターのTさんと新今宮駅で合流して昼から飲む。目的地の一つだったホルモンうどんの店「権兵衛」は残念ながら定休日。後から加わった珍スポット取材を得意とするライターのKさんと、三人で西成あたりを散策。Kさんの案内で、お好み焼

きが百円で食べられる屋台に行くことに。屋台脇に置かれたテーブルで食べる。飲み物は店には置いてないが、近くの自販機で買ってくればいいという。発泡酒で乾杯。お好み焼きはボリュームもしっかりあり、美味しかった。

　さらに京都在住のマンガ家・Ｓさんも加わり、四人で天王寺方面へ歩く。またもＫさんの案内によって、Ｋさんが以前から気になっていたという「巴ビリヤード」という店に行くことに。「巴ビリヤード」は店名の通りビリヤード場なのだが、隣に同じ経営者がやっているうどん屋があって、ビリヤード場内でうどんも食べられるし、お酒も飲めるという変な店。

　ビリヤード台の上に酒類やおつまみのメニューが置かれている。ビリヤード台としてよりもむしろテーブルとして利用されているようだ。日本酒の貴重な銘柄がたくさんあるそうで、すすめてもらったのを飲み比べる。酒のアテには、お刺身もあれば、サイボシなんかも置いている。「これはもうビリヤード場ではない、酒場だな」と思っていると、店の奥に座っている常連さんらしき方はビリヤード名人だそうで、普段は座っているだけだが、興が乗ったらビリヤードの腕前を見せることもあるという。ライターのＴさんはこの店を題材に原稿を書く気になったらしく、パッとスイッチを切り替えたようにお店の方に色々話を聞いている。ふと立ち寄った店でも面白ければすぐに取材するのだという。さすがだ。

　今日中に埼玉へ帰らねばならないというＴさんと別れ、残ったＫさん、Ｓさんと自分の三人で京都方面へ向かう。電車を乗り継いで大宮駅まで行き、タクシーで西陣エリアへ。西陣には「西陣京極」という小さな通りがあり、かつては芝居小屋や映画館がたくさんあったりして栄えていたそうだ。

そもそもは平安京の東西の端っこを意味する言葉である「京極」が、そこにたくさんの寺社が集まり、参道として賑わう通りとなって繁華街を意味する言葉となった。それにあやかり、京都の中に「○○京極」という名をつける商店街がいくつもできていき、この「西陣京極」もそういうものの一つなのだという。「○○銀座」という商店街があちこちにあるのと同じか。

その「西陣京極」が最も賑やかだったのは一九五〇年代頃までで、その後は徐々に静かな町並みになっていった。今その通りを歩いてみてもポツポツと四、五軒のお店があるぐらいで、かつての賑わいは想像できない。そこに残っているお店の一つである「サカタ」が、今月末で長い歴史に幕を下ろすとのことで、京都に詳しいライターのOさんに声をかけてもらって「閉店前に飲もう！」と集まったのが今回ここへ来た目的なのである。

「サカタ」はしゃぶしゃぶとすき焼きを食べられる料理屋で、それでありながら店の半分がスナックになっていて、カラオケを歌って飲むこともできるという不思議な店。かつてはお肉を食べにくる客で賑わっていたが、町が静かになるにつれ、スナックのように利用したいという需要が増え、それに合わせて店の形を変えていったそうだ。まずは個室でしゃぶしゃぶをいただく。一口で、いや、食べずとも見ただけでいい肉とわかるような肉。厚めに切ってあり、旨すぎてすぐ満腹になる。京都の土地の因縁の話、Kさんが旅先で経験した怖い話など、なぜかミステリアスな話ばかりで盛り上がった。

個室を出てスナックスペースに移動し、焼酎水割りを飲みながらステージでカラオケを歌う。あっという間に終電の時間。会計は一人八千五百円。「うお！」と思ったが、高級料理店でしゃぶしゃぶ食べてカラオケ歌ったんだから安いもんか。昼間、百円のお好み焼きを発泡酒で流し込んでいたことを思うとギャップに笑える。明日から節約しよう。

ある日。

今日は昼から酒取材。西中島南方で一軒、梅田の駅前ビルでもう一軒。駅前ビルの複雑な通路を目的の店に向かって歩きながら、年配カメラマンOさんに何度も「道、ちゃんとわかってるんですか？　もっと近い行き方があるんじゃないですか？」と厳しい口調で言われる。Oさんにとってはこの取材仕事はギャラが安く、私の段取りが悪いのもあっていつも怒られっぱなしなのだ。

取材先は「スタンドミルクホール」。開放感のある地下街の立ち飲み店である。店のマスターに自分が話を聞いているうちにOさんはサッと撮影を進め、必要な素材を撮り終わるやいなや「お先に失礼します」と去っていった。自分一人になり、マスターの話を聞きつつしばらく

飲む。むしろここからの時間の方が気楽で好きである。

　マスターは十六歳の時に沖縄から出てきて、大阪、東京、横浜と住む場所を変えながらずっとバーやキャバレーなどで働いてきたそう。だからこの店のおつまみメニューには「ゴーヤサラダ」とか「島やっこ」など、沖縄らしいものが並んでいるのだ。

　マスターは高円寺や吉祥寺に住んでいたこともあって、高田渡や斉藤哲夫、シバや加川良なんかとも仲が良かったらしい。みんな私の大好きなURC系のフォークシンガーたちだ。マスターが東京に店を出している頃は、高田渡がそこでライブするのが恒例だったりしたそうである。

　すっかりただのほろ酔い客となって飲んでいると、マスターがお店の隅に置かれているレコードプレーヤーで上田正樹と有山淳司『ぼちぼちいこか』をかけた。このアルバム、大学の友達と一緒によく部屋で愛聴していたものだ。その友達は兵庫県生まれで、一度大学時代に実家に泊まりに行き、大阪や神戸を数日かけて案内してもらったことがある。その時もこの駅前ビルの地下を一緒に歩き、入り組んだ通路に様々な店がひしめいている様子にワクワクした記憶がある。今、同じ駅前ビルで一人ぼんやり『ぼちぼちいこか』を聴いている。そのめぐり合わせにじわっと嬉しくなる。

ある日。

十四時から京都の水族館で取材。滞りなく終

わり、せっかく京都まで来たしと、先日知り合いに教わった「橋本酒店」という角打ちまで歩いてみることにする。

水族館から歩いて十分ほどで到着。生活雑貨を売る〝町の売店〟といった風情だが、奥にカウンターがあり、そこで酒が飲めるようだ。着いてからやっと気づいたのだが、この店、先日自分が寄稿させてもらった雑誌の表紙になっていた店である。いい表紙だったので「どこの店だろう、行ってみたいな」と思っていた。

客は私と同時に入店してきたご高齢の常連さん一人。最初は緊張したが、生ビールをもらってふっと深呼吸したら気分が落ち着いた。自分が電子タバコを吸っているのを見た常連さんが「うちでも同じの買うたんやけど、使い方がようわからんねん」と話しかけてくれる。そんなきっかけで会話が始まり、この店の個性的な常

連さんたちのことなどを聞かせてもらう。

その中の話のひとつで、お店にたまに来るお客さんの一人が、とにかく酒癖が悪いんだという。酔うとめちゃくちゃ大声でしゃべる。店の中をあっちこっち行ったり来たりして他の客にちょっかいを出す。若い女性に対してが特にひどくて、体を触ったりすることまであるんだと

か。度が過ぎる上にそういうことが何度も繰り返されるので、店主は怒り心頭。「次に同じようなことがあったらもうここでは飲ませない」と警告したという。

するとその客はしばらくしてシュンとした様子でやってきて平謝りに謝り、「もう絶対にしません」という主旨の書面までしたためた。しかしそれで収まるかと思いきや、また後日似たような失態をやらかした。さすがにそこで「もう出禁や！　出禁！」と追い払われたそうだ。

と、それだけならただの〝タチの悪い客がいた話〟なのだが、「へー！　それは困ったお客さんですね」と聞いていると、「まあ、最低一ヶ月は飲まさへんよ」「そや、それぐらいしたらんと」と店主と常連さんが話すので意外に思って「あ、でもまた一ヶ月したら来てもいいんですね？」と聞くと、「そらまあ、あんなやつ、

他に飲む場所あらへんやろからなあ」と店主が言う。

お店に迷惑をかけるような失敗を何度か繰り返して呆れられても、一ヶ月したら許すというところが最高だなと感動した。「二度と来るな！」は拒絶で、「一ヶ月来るな！」は指導だ。似ているようで実は全然違う。「これで少しはあいつも頭冷やすやろ」と語る店主と常連さんの寛大さがなんだかすごくいいなと思った。

生ビール一杯、氷結一缶、おでんの大根と豆腐、それで八百円ぐらい払って出る。出がけに店先を見たら、惣菜パックみたいなのもあって美味しそうだった。絶対また来なきゃな。

ある日。

フランスの友人・Oがまた大阪に遊びに来ているとのことで、十三で飲むことに。Oと、Oの友達のIさん、Gさんと自分の四人で集合。十三の商店街の切れ目にある「美味小籠包」という店にふらっと入って食べた小籠包や水餃子がやたら美味しかった。お店の人は中国の北部の出身だそうで、中心部と比べて味付けが濃いのが特徴なんだそうだ。

その後、格安立ち飲みチェーン「T」に移動

しで飲む。お店の人の愛想のなさが強烈で、でも店内は大混雑。これはこれでいいのだが、久々の友達とゆっくり話すような店ではないなと思い、軽く飲んで出る。

「もう一軒！」と、路地の奥の「正宗京屋」に入ってみる。店内を見ると客は誰もおらず、もう閉店時間かと思ったが、店のお母さんに声をかけてみると「二十三時までやってます」と言うので入ることに。さっきと打って変わって静かな空間でしみじみ飲んでいると、店の奥から灰色の猫がすっと出てきて、入口の引き戸を自分で開けて外へ出ていった。

　会計を済ませ、帰りにその引き戸を引いてみたら結構重くて驚いた。思わずそのことをお店のお母さんに話すと、さっきの猫はお店で飼っているのではなく「いつも決まった時間に来て決まった時間に帰っていく猫」なんだとか。

「でもあの引き戸を自分で開けたことはなかったわー！　びっくりやわ」と言っていた。

ある日。

　週刊誌の酒取材。今日は一日に三軒もめぐるので時間に追われそうだ。家から天満まで歩き、十六時から立ち飲み店で取材開始。おつまみの写真を撮ったり、食べたり、お店の方に話を聞いたりを急いでこなす。取材を終えてお会計をお願いすると、カメラマンのOさんに「お会計は先に済ませておいてくださいよ！」と怒られる。その分、時間が短縮できたのに、と言うのだ。と、今日も最初から失敗しつつ、地下鉄を乗り継いで二軒目へ。間が悪く、電車を一本乗り過ごしてしまう。

　二軒目ではお店がてっちり鍋を用意してくれていたのだが、食べる間もなく次に向かわねばならない。「最初の店で会計を先に済ませておけばもっと早く出れましたよね。そしたら電車に間に合った。てっちり鍋が食べられたのに」と、次の店に向かう道すがら、Oさんに叱られる。「この前取材した店もまずかったし、この仕事は本当にいいことないです」とOさんの怒りはヒートアップ。

　三軒目は今宮戎駅からほど近い「ちとも」という大衆酒場だ。お店のおすすめメニューを聞くと「自分で作るタイプのたこ焼きが名物で、近くの民泊を利用する海外のお客さんにも好評です」とのこと。たこ焼き器とたこ焼きのタネ、具材が運ばれてきて、あとは全部お客さんが自分でやるんだという。

　それは面白いと思って注文させてもらったのだが、Oさんにとってみると、〝たこ焼き器とたこ焼きの具材〟って見た目的に質素すぎて撮影が難しいんだそうだ。「自分でたこ焼き作れる店なんて他にもたくさんありますよ！　外国の人に喜ばれると言っても、外国の人はこの週刊誌を読まないですよね？」とまた怒られる。「ではもうこれは普通に食べて、別のものを撮影用にしましょう」と、一人でチマチマとたこ焼きを作っていたところ、Oさんがその様子を

見て「たこ焼き、全然できないんですね。関東の人はこれだからなあ」と言う。見かねたのかOさん、たこ焼きを焼き出した。
　様子を見にきた店のお母さんにOさんが「ほら！　見てください！　こっち半分が僕の作った方です。こっちと全然違うでしょう。この人は関東の人なんで基本ができてないんですわ」と言うと、それを聞いたお母さんが「ふふふ、ちょっとぐちゃぐちゃになってしまったね」とほほ笑んだ後、「でも、たこ焼きは最初ぐちゃぐちゃでも最後はみんな綺麗に丸くなるから大丈夫やで。誰でもどないしても最後はちゃんと焼けるんよ。それがたこ焼きや」とかばってくれて、危うく涙が出そうになった。チューハイを飲んで冷静さを取り戻す。お母さんが手伝ってくれたので、たこ焼きは全部しっかり上手にまん丸く焼けた。
　しかし、Oさんはなおも「お店のおすすめをその通り聞いてたらダメですよ。自分でコントロールしないと」と言う。「お店のおすすめに身を任せるのが自分は好きで……」「それじゃダメですよ！」「すみません。自分はこの取材、向いてないのかもしれないです」と、言葉を交わすうちにどんどん悲しい気分が込み上げてくる。

とにかく「ちとも」がいい店であることはわかった。今度は好きな人と飲みに来るぞと誓った夜であった。

第四章
酒場以外で飲む酒

どんなにお金がなくてもここなら飲める酒

大阪市北区・梅田「風の広場」

　これから書くのは居酒屋のことではなく、広場についてである。ＪＲ大阪駅の中央改札を出て北側へ向かうとすぐ左側に「ルクア１１００」というショッピングビルが見える。「１１００」と書いて「イーレ」と読ませる。なんだか暗号のようだ。

　もともとは「ＪＲ大阪三越伊勢丹」だった場所で、それが改装され、百貨店の要素に専門店の集合体を加え、二〇一一年に全面リニューアルしてスタートしたのがこの「ルクア１１００」だ。「１１００」ってなんだろう？と思うが、専門店の「１０００（せん）」と百貨店の「１００（ひゃく）」を合わせて「１１００」なんだそうである。と、説明を聞いてもなお暗号のようだ。

　とにかくその「ルクア１１００」を左手に見つつ、エスカレーターで上階へ登っていく。二階に着く。折り返すようにさらに上階へ向かうエスカレーターに乗る。三階に着いた。さらにエスカレーターで上を目指すと、今度は五階まで運ばれ、目の前に「時空の広場」と書いて

「ときのひろば」と読ませるスペースが現れるが、これを無視してさらに上へ。今度のエスカレーターは五階から七階。また次のエスカレーターで七階から十階へとどんどん上っていく。十階にたどり着くと、目の前に「和らぎの庭」と名付けられたちょっとした石庭みたいな敷地があるのだが、これも無視して左へ歩き、最後、十階から十一階へ続くエスカレーターを上り切ったら、そこが「風の広場」だ。言葉にするとエスカレーターに何度も乗ってちょっと面倒に感じられるかもしれないが、ＪＲ大阪駅改札から五分もかからず到着する。五階あたりからは大阪駅のホームを見下ろすことができ（ＪＲ大阪駅は特殊な構造をしており、屋根が非常に高い位置にあってホームの様子が上から丸見えなのだ）、そんな広い眺めに見惚れていたらすぐに着いてしまう。

その「風の広場」は、前述の「ルクア１１００」の上階にある、いわば屋上の休憩所的なスペースである。細長い敷地には人工芝が敷かれ、ウッドデッキ、ベンチ、テーブルが設置されており、まあ別にこれといって特徴的なものは何もないのだが、とにかく露天の開放感を味わいつつ、ダラダラ過ごせる場所になっている。私はここが好きで、梅田の喧騒に疲れた時などは、ベンチに腰掛けて発泡酒を飲んで一休みする。

「風の広場」に隣接する形で「ファミマ!!」という、ファミリーマートのコンパクトな営業形

態の店舗があり、そこでお酒やおつまみがいくらでも買える。もちろん、お弁当だのカップ麺だのコーヒーだの、普通のコンビニにあるものは大抵揃い、お昼はこのコンビニで買ったものを外のスペースで食べて一休みして会社に戻っていく、と、そんな使い方をしている会社員たちも多いはず。

駅ビルの中ということもあってトイレも綺麗で、それも嬉しい。雨が降った時、風が強い時などは屋根のあるエリアもあり、そこに逃げ込めばなんとかなる。まさに「こんな外飲みスペースを求めていた！」というロケーションなのである。

また、地上十一階ということもあり、眺めもいい。すぐ眼下には再開発中の「うめきた」エリアが見え、その周辺にはビルが立ち並び、遠く向こうには六甲山系の山々の稜線が見える。夜になれば夜景がキラキラと美しい。その時間になると若い恋人たちがあちこちに姿をあらわし、じっと見つめ合ったり、笑い合ったり、体を触れ合ったりしており、「まあここなら何してもいいだろ」的なムードであふれている。目のやり場に困るということもあるが、そうやって恋人たちが開放的だからこそ、酒を飲む方も飲みやすいというもの。「大いにやってくれ！　こっちも自由に過ごすから」という思いである。

大阪に引っ越してからできた飲み仲間と、よくこの「風の広場」に集合して飲む。駅直結なので、色々な場所から集まるメンバーが余裕を持って電車に乗って帰れるギリギリまでいられるし、お酒はコンビニで調達するのだからお金もそんなにかからない。冬の一時期をのぞいてはそれほど季節の厳しさにさらされることもなく、気持ちよく過ごせるし、考えれば考えるほどこれ以上望むもののない空間なのだ。

さらに、この「ルクア１１００」の地下には「キッチンマーケット」という、いわゆる〝デパ地下〟的な食品売り場があり、そこで各自がおつまみを調達して「風の広場」に持ち寄る、なんていうことも可能。大阪駅構内には豚まんで有名な「５５１蓬莱」のショップもあるので、そこで買った豚まんや焼売をつまみに飲むことだってできるのだ。ちなみにその地下の「キッチンマーケット」でも、買った総菜を座ってその場で食べられるスペースがあり、人気を博しているのだが、屋上の「風の広場」の方がずっと気分がいい。

友達と「風の広場」のベンチテーブルで飲んでいると、色々な人の話が耳に入ってくる。就職活動の悩みを相談し合う大学生や、地べたに座って話し込むギャルたち、仕事に取り組む姿勢について熱く語り合う背広姿の二人組。私たちが飲んでいるところに「少しの間で構わないので、〝気〟を送らせてください」と、手をかざしていく謎の人がいたりもする。居酒屋よりももっとずっと多種多様な人々が交差する場になっていて、そこに身をおいていると、大阪で生きる人たちの声がどんどん自分の中に入ってくるように思えて、それが嬉しい。

　この広場、朝七時から夜二十四時まで開放されていて、酒の供給源であるコンビニは二十三時には閉店し、二十三時半頃になると警備員の方が「そろそろ閉まりますのでー」と言いに来るのだが、それぞれの終電時間を考えれば十分遅くまでいられる。東京から遊びに来る友達とお昼に待ち合わせ、などという時にも最適で、大阪駅を起点にどこかへ行く時などは、ここで乾杯してから出かけることにしている。

　そうだ、言い忘れてはならない点が一つある。この「風の広場」に隣接して「大阪ステーションシティシネマ」という映画館があり、映画を見終えた後、「風の広場」で一杯飲みながら友達と感想を語り合って、とか、そういう使い方もできるのだが、私が酔うとよくやってしまうのが、映画館でポップコーンを買い、それをつまみに飲む、という行為なのだ。そもそも私は映画館のポップコーンが大好きで、ポップコーンを食べたいから映画を見に行く、という順序になってしまうぐらいなのだが、映画館で映画を見ず、ただポップコーンだけを購入して酒のアテにする、そんなことが簡単にできるのも「風の広場」の大きな魅力なのである。酒のつまみとして映画館のポップコーンをとらえてみると、驚くことがある。異常に値段が高く感じるのである。レギュラーサイズで四百五十円、Lサイズで五百五十円する。それだけ払えば、コンビニでなかなかいいつまみが買えるぞ！と、頭では分かっているのだが、しょっぱいポップコーンをサクサク食べながら缶チューハイをグビグビ飲む、しかも夜風に吹かれながら、という、ちょっと酔狂にも思える行為がやめられないでいる。

　大阪駅周辺の巨大なショッピング施設群には大した思い入れもなく、どちらかといえば、「同じような施設が駅前にこんなにいくつも建つ必要があるのか？」と、そこに価値を見出せないでいる自分だが、「風の広場」の居心地のよさだけは否定できない。「梅田で一時間ぐらい暇を潰したい」と、そんな時はぜひエスカレーターでガンガン上に向かい、風に吹かれながらコンビニ酒を飲んでみて欲しい。

【風の広場】　大阪府大阪市北区梅田3-1-3　OSAKA STATION CITY ノースゲートビルディング11F　営業時間：7時～24時　定休日：なし

大阪で生きていることを実感させてくれた酒

大阪市此花区西九条周辺「玉や」「金生」

本書でもたびたび名前を出しているミニコミ専門書店「シカク」について、今一度しっかり書いておきたいと思う。

私が大阪に引っ越してきた当初、店番の仕事を与えてくれたのがその書店であったことはすでに書いた。大手出版社が作っている本ではなく、ミニコミ、ＺＩＮＥ、同人誌など様々な名で呼ばれる〝個人出版物〟を中心に取り扱う「シカク」がオープンしたのは二〇一一年。当時は大阪市北区の中津商店街に店舗があった。スマートフォンのナビを頼りに最初にお店を目指した時の心細い気持ちを今でも思い出す。細長い中津商店街には天幕が張られていて日中でも薄暗く、駄菓子屋、酒屋、化粧品店など、昔ながらの商店がかろうじていくつか店を開けているだけで、あとはシャッターが降りている。

人通りもほぼなく、静まりかえった商店街の中ほどにぽつんと怪しげな外観の店があり、そ

れが目的の「シカク」だとはわかっても、そのドアを開けるのにはかなり勇気が必要だった。

思い切って開けてみればみたで、それほど広くない店内に並んでいる本はパッと見には内容がよくわからないものばかりだったし、奥の小上がりに座っている店長と副店長のいぶかしげな視線をなんとなく感じるし、緊張で背中にじわっと汗がにじんでくる。

しかし、自分から入っておきながら逃げ出すようにすぐに飛び出したその店で、数か月後に店番をしているのだから不思議なものである。

当時、というか今でもそうなのだが、私にライターとしての仕事をくれるのはほとんどが東京に拠点を置くメディアで、逆に関西の雑誌とかWEBサイトに文章を書くことは稀にしかない。自分としてはぜひやりたいと思っているのだが、技術が足りないのか相性なのか、そういう依頼は滅多にない。なのでいつも自分は「東京からお金をもらっている」と心のどこかで感じながら生活している。別にそんなこと意識しなくてもいいんだろうけど、「大阪で仕事をして大阪のお金をもらって生きてこそ大阪の人だろう」という気がして、その点では、少なくともライターとしての自分は胸を張って「大阪の人です」とは言えないでいる。

　そんな中、「シカク」の店番の報酬だけがほぼ唯一、自分にとっての「大阪で働いて得る大阪のお金」で、それはライターの仕事とは別のものではあったけど、自分が大阪に居ていい根拠のようなものに感じた。ただ、これは事前に重々説明を受けていたことなのだが、「シカク」の店番の時給は驚くほど安かった。あまりに安いため、公の場では言えないほどである。そのかわり、いつも日払いで支払ってくれた。昼から夜まで店番をして、その日の帰りの飲み代が稼げると思えば、なかなかいいものだ。

　まあ正直なところ、それがお金でありさえすれば、タダでさえなければ、なんだっていいのだ。「シカク」での店番は仕事とは思えないような楽しいだけの時間だったし、個人出版物を作る人が商品を委託しに来る店であり、そういうものに興味のある人が訪れる店だからたくさんの知り合いもできた。ライター業をする上で様々なネタやアイデアを提供してもらえる場でもあり、自分にとってはこの上なくぴったりハマる居場所だったのだ。

「シカク」が中津という場所にあったおかげで中津周辺の居酒屋に自然に通うようになり、大阪の居酒屋文化の層の厚さを垣間見るきっかけになったことについてもすでに書いた。「いこい」や「はなび」といった、いつ行っても広く受け入れてくれるような大衆酒場があり、さらに、現在は閉店してしまったが、「おおにし」「きった酒店」といった渋い角打ちもあって、この小さなエリアになぜこんなに多種多様な酒シーンがあるのか、と驚いたものである。

さて、そんな「シカク」が北区中津から此花区梅香へと移転することが決まったのは二〇一七年の春のことだった。当時の店長は気ままな人で、知り合いづてに此花区にいい空き物件があることを聞きつけてすぐ見に行き、かなり即決に近い形でそこに店舗を移転することを決めたらしい。

「らしい」と書いたのは、その頃ちょうど自分はバタバタと慌ただしい日々を過ごしていてあまり「シカク」の手伝いができず、まったく様子を伺いに行けなかったからである。私からすると、中津の店舗が閉まることが急に決まり、春先から休業期間に入って、夏頃にはもう此花区に新店舗がオープンしたという記憶なのだが、実際のところこの移転はかなり大変だったそうだ。

即決のノリで物件を押さえることを決めた店長であったが、敷地内には前の住民が残していった荷物がそのままになっており、それを撤去するだけでまず大変だったそう。もともと倉庫のように使われていたスペースだったようで、様々な用途不明の道具たちが雑然と放置されていたらしい。業者に頼まないと持ち上げようのない重機類などもあったとか。

中津時代の「シカク」だってかなり年季の入ったボロ屋を店長と副店長がＤＩＹ的にあちこち直して徐々に店らしくしていったものなのに、それがようやく整ってきたところにまた新天地へ向かうなんて、何事にも歩みの遅い自分には考えられないことである。しかし、そのような後先考えない勢いがこの店らしさでもある。

私が新店舗を訪れたのは苦労の末にようやく「シカク」がリニューアルオープンに漕ぎつける直前だった。住宅街の路地をクネクネ曲がった先にある白い扉を開けると、中津時代の三倍はあろうかという広い店内で、本を並べるのにも余裕がある上、奥にはギャラリーとして使用できそうな一角まであるではないか。

中津時代の「シカク」にも後ろ髪を引かれていた私だったが、一瞬で「こりゃいい！」と寝返った。

それからしばらくして当時の店長が突如として店を離れることになり、副店長だったたけしげみゆきさんが代表を務めることになった。スタッフも増え、二〇二〇年現在も同じ此花区の住宅街の片隅で、「シカク」は相変わらず営業を続けている。

移転後の「シカク」の仕事を手伝いに行く際、私はいつもＪＲ環状線の「西九条」という駅から歩いてお店へ向かう。十五分ほどの距離を歩く途中、ずいぶん古くからありそうな町工場や下町らしい背の低い住宅が立ち並ぶのを眺めていく。

狭いエリアにいい居酒屋が点在していた中津と違い、「さすがにこの辺は何もなさそうだな」と、当初は思った。しかし「シカク」がオープンし、そこへの人の流れが生まれると、あちこちから情報が集まってくるものだ。この町もまた、掘れば掘るほどにいい居酒屋が見つかる大金脈であった。

まずは西九条駅の駅前エリアだ。パッと見たところ駅前通りにちらほらとお店が並んでいるだけのようだが、少し足を伸ばしてみると味わい深い店がごろごろ見つかる。中でも、駅から地上に階段を降り、大通りを渡った高架下にある「トンネル横丁」にはよくお世話になっている。

「トンネル横丁」は、狭い通路の両脇に老舗と若手の店が混在する小さな飲み屋街。元コックの大将が作る洋風のつまみが美味しい「せぞん」という店もいいが、私はその奥の「玉や」の（いい意味で）なんてことない風情が好きである。天ぷら、煮込み、ししゃもの焼いたの、ポテサラなど、いわゆる普通のつまみがあるだけで、正直なところ「玉や」でいつも自分が何を食べているのか思い出せないほどなのだが、妙に落ち着く。高架下ゆえの震動も心地よく、大きなものに抱かれているかのような気持ちになる。遅くまで営業しているのも嬉しい。

　通りの反対側の高架下にも「福家」という味のある串カツ屋があったり、駅から阪神電車の高架の方へ歩いて行くと老夫妻が営む家庭的な立ち飲み「こばやし」があったり、駅前エリアをふらふら歩くと思いがけない場所に気になる店が現れたりする。

　そこから「シカク」のある梅香というエリアへ向かうと、あたりは一気に住宅街に。「シカク」へ来るお客さんもよく「こんな場所に本屋があるわけがない」と不安になるそうなのだが、その不安を少しこらえて進んで行くとそこは、阪神電車の「千鳥橋」という駅周辺のエリ

アになる。「グッディ此花商店街」にある「田辺商店」は、通りに思いっきり面した場所で飲ませてくれる角打ちで、カウンターには明るい時間から赤ら顔のお客たちが並んでいる。

　北港通り沿いに西方向に歩いていくと「酒仙房金生」という店があり、ここも好きでたまに行く。

　ここは別に懐石料理店も営んでいるという根っからの料理人の店主が「旨いものが安く食べられる店を」と始めたのがこの店だという。鮮度のいい刺身も焼き魚も天ぷらもどれも美味しい。よくわからないけど「割烹レベル！」とはしゃいでしまうお味である。それでいて一品三百円〜五百円といった価格のものばかりだから最高。穏やかな店主夫妻の接客に心地よく酔

いつつ、いつもよりちょっといい身分になったような気持ちを味わって帰る。

　さらに西側、春日出というエリアまで歩いていくとまた魅力的な角打ちがいくつも現れる。「吉村酒店」という店では、入店してチューハイを注文したところ「これええよ！　飲んで！」と先客がオーダーを打ち消して自分の酒をくれたことがある。それを飲んでいると横から乾き物がまわってきたり、なかなかお金が使えない不思議な店だ。「春日出商店街」の近くには「小林商店直売所」という明治時代から続く老舗酒屋が営む角打ちがあり、ここもまたたまらない風情。日本酒の銘柄がこれでもかと揃っているので、味にうるさい酒好きでも楽しいだろう。

　そうやって考えると西九条駅〜千鳥橋駅エリアも、素晴らしい酒場に恵まれた地域と言えそうだ。「シカク」に〝酒運〟があるということなのか、はたまた、大阪という土地はどこに行ってもいい酒場が見つかるものなのか、まだどちらかはわかっていないけど、とりあえず飲む酒には困らない日々なのである。

【玉や】 大阪市此花区西九条4-1-23 営業時間16時半~23時 定休日：日祝

【酒仙房 金生】 大阪府大阪市此花区梅香3丁目26-11 山口ビル 営業時間：平日17時~21時 日祝17時~20時 定休日：月・第3火

不安な日々の中で深呼吸をしながら飲んだ酒

大阪市都島区「大川の川辺」

新型コロナウイルスの感染が広がり、二〇二〇年三月半ばになると、それまではまだまだのんびりしたものに感じられた日本国内の雰囲気も徐々に重苦しい空気に覆われていった。志村けんが亡くなったことが大きく報道された三月二十九日頃からはその雰囲気が決定的なものになり、四月十六日には政府から緊急事態宣言が発令された。

ステイホームが合言葉のようにしてあちこちで叫ばれるようになった。星野源がSNSに「うちで踊ろう」という曲の動画をアップしたのは四月二日の深夜で、ミュージシャンのみならずタレントやお笑い芸人や総理大臣まで、とにかくあちこちでネタにされるようになって、私はそれらの動画を見たり見なかったりしながら、ほとんどの時間を自宅で過ごした。

もちろんそんな時期でも外に仕事に出なければならない人もいたし、「緊急事態宣言」には移動を制限する強制力はなく、あくまで「不要不急の外出は自粛せよ」と、どうとでも解釈できるようなものだったから、どこかへ出かけようと思えばできたのだろうけど、目に見えないウイルスの恐怖にとにかく怯えきっていた私は、家でひたすらネットニュースをチェックしまくって、それで疲れて横になっているだけだった。

「食料品や日用品の買い出しなど、必要最低限の外出は問題なし。ジョギングなど軽い運動のための外出もオーケー」という、誰が決めたのかはっきりとしない暗黙のルールがあり、私もそれになんとなく根拠もわからぬまま従っていた。残り少なくなったアルコールスプレーをリュックに突っ込み、何度も手に吹きかけながらスーパーで食材を買った帰り、そのまま近くの川べりまで足をのばす。さっきまでが「買い出し」でここからが「軽い運動」だ。

私の家から五分も歩けば「大川」という川に突き当たる。大川は、淀川が水害対策ために今の位置を流れるように改修される明治時代まで淀川と呼ばれていた川で、つまり「旧淀川」でもある。川沿いに桜の並木が長く続き、春は花見客で賑わい、夏になると「天神祭」という大きなお祭りの屋台が川沿いに並んで活気に包まれる。しかし、今年はどちらもウイルスの影響でふいになり、

春も夏も普段通り静かなままだった。

その大川沿いはジョギングコースとして整備されていて、外出自粛ムードの中でも走る人、歩く人の姿が絶え間なかった。住宅街を歩くよりもかえって多くの人とすれ違うほどである。

それはそれで息がつまるので、私は川沿いのジョギングコースではなく、川に突き出すようにして作られた公園というか、広場というか、とにかくポカーンとした空き地のような場所まで行くことにした。そこにたどり着いてみると、ジョギングコースの方とは打って変わって人の姿がない。ただ目の前に川があるというだけの場所だから、特に誰も気に留めないのだろう。

川の際に作られた柵の前に立ち、マスクを外す。周りを見渡しても誰もおらず、眼前には水面が広がっている。ほんの少しの間、ここで深呼吸させてもらってもいいだろう。大きく息を吸い込んでみると、自分がずっとプレッシャーにさらされていたことに改めて気づく。特に四月から五月にかけての一時期、私はこのウイルスによって世界が修復不可能なところまで壊れてしまうのではないかと不安で仕方なく、そのストレスのせいか胃腸の調子を崩し、満足に食事をとれない日々が続いた。

いつの間にやらすっかり元気になった今となっては、あの調子のままいればちょっとしたダイエットになったのにと思うほどだが、とにかく精神的にも身体的にもヘロヘロに弱っていたのである。このままではダメだと思い、せめてあの川辺の広場まで毎日行って帰ってくることだけでも日課にしようと思った。前述の通り、五分ほどで行ける距離。往復十分未満の、ウォーキングとはとても言えない距離だが、とりあえずそこまで歩き、川面を見つめながらひと息つく。そして帰ってくる。

ほとんどを鬱々とした気分で過ごす時間の中で、川沿いにたたずんでいる時だけが救いのようなものになっていった。よっぽどの荒天でない限り、多少の雨でも必ずそこまで行くようにして、いつからか、誰に向けたわけでもない生存報告の意味で、そこで撮った写真をＳＮＳにアップすることにした。

日々報告される国内の感染者数が低下し始め、外出自粛ムードが少し弱まってきた頃からは、コンビニで缶チューハイを一缶だけ買い、川を見つめながら飲んで過ごすようになった。健康のために始めたはずが、いつしか酒を飲みに行く場になっていった。

感染者数が落ち着きつつあったとはいえ、毎日毎日暗いニュースばかりが目に入る。海外ではとんでもない数の人が日々亡くなっているというし、これによって引き起こされる世界恐慌の影響がどんな規模で続いていくのか、考えただけでも気が重い。ついついポケットからスマホを取り出しては追いかけてしまうそれらのニュースをよそに、川だけはいつも通り流れている。じっと見ているとたまに魚が跳ねる。

　鯉も水面まで顔を出すらしいが、ピョーンと勢いよく飛び跳ねるのは確かボラなはず。前に尼崎の運河をボートで案内してもらう機会があって、その時、船頭さんが「ボラが跳ねて体当たりしてくることがありますので、その時は、あきらめてください！」と言っていた。

　飛び跳ねるボラの姿をしっかりと視界に収めようとするのだが、いざそうやって構えてみると、これがかなり難しい。正面を見ていると、視界の外、右の方で跳ね、そっちに目をやった時にはもう水しぶきが残っているだけだったりする。なんだよー！と悔しがっていると、今度は左前方で水しぶき。まるでこちらの意図を知った上でからかっているかのように、決まって見ていない方でばかり跳ねるのだ。馬のように顔の両側についた目が欲しいと思った。

　しばらくして私が考案したのが、左から右へ、右から左へ、と、一定のスピードで顔を動かし続けるという手法である。自分自身が、暗い海の向こうを照らす灯台になった気持ちでやる。そうすると、これまでよりも跳ねるボラの姿が視界に引っかかりやすくなった気がするのだ。いつからか私はボラを視野に捉えることを心の中で「釣る」と表現し、「今日は三匹釣った」「五匹釣れたらすごいぞ」といったようにそれを楽しむようになった。目で「釣る」のだ。

時間帯によって跳ねる率が違う気がする。十七時半〜十八時頃になると特にさかんに跳ねるようなのだ。ボラよ、なぜ跳ねる。人間たちがウイルスに翻弄されて必死で右往左往しているのを知っているかい、ボラよ。いや、知らなくていい。人間たちがどうなろうとお前たちは関係なく泳ぎ続けていてくれよ。そんな風に心の中でボラに話しかけながら缶チューハイを飲む。また今日も日が暮れていく。そんなことを来る日も来る日も繰り返した。

土日になると釣り人たちが集まってきて、私がいつもいるあたりに釣りざおを立てかける。そんな時、私は広場の隅の草がぼうぼうに生えたエリアにたたずむ。釣り人たちを見ていると特に何かが釣れている様子でもない。みんな釣りざおを立てっぱなしにしたまま、ベンチに座ってずっとしゃべっていて、きっとそれが楽しみで集まっているのだと思う。釣り糸を川に垂らしている、という事実だけがあればそれでいいのかもしれない。

平日、十七時半になると決まってチリンチリンと鈴を鳴らして自転車が通る。「アイスキャンデー」と書いた旗が自転車の荷台に刺さっている。どんなものか一度食べてみたいと思うのだが、残念ながら自転車が走っていくのは必ず対岸なのである。

たまに草っぱらにシートを敷いてピクニックをしている家族がいて、どうやらインドから来た人々らしい。水タバコをくゆらせているのを見て「どんなものかわからないけど、なんともうまそうだな」といつも思う。

ボラを目で釣ろうとして必死で川を見ていると、たまに小船が通っていく。このあたりには淀川の川砂を建築資材用にふるいにかけて整える処理場があって、その砂を運ぶ作業船は見かけるのだが、それとは別の、もっと小さな船だ。船の側面に「かもめ」という文字が見え、調べてみると乗船人数の上限が十名という小さなクルーズ船らしかった。

しばらく後になってそのクルーズ船を取材させてもらえることになり、船に乗って大川を案内してもらった。いつも自分が立っている場所を船上から眺めることができたのが、とてもうれしかった。

もう一つ思いがけないことがあった。私と酒場ライターのパリッコさんとでたわむれに始め

た「チェアリング」という、アウトドア用の椅子を持ち歩いてそこら辺に座ってくつろぐ遊びについて、ＮＨＫの関西ローカル番組から取材をしたいと依頼を受けたのだ。誰でもできる手軽な楽しみだし、なにより閉所に集まったりすることなく、遠出もせずに外の空気を感じられるのが、コロナ禍に適していると判断されたのだろう。

　その取材を受けることにして、実際に私がカメラの前に立ってチェアリングの楽しみを伝えることになった。撮影現場は私が好きな場所を指定していいという。そうなれば、やはり私にとって一番心が落ち着く場所である大川沿いしかないではないか。

　キャスターの方と一緒にいつも自分がぼーっと立っている場所へ向かい、その時だけは椅子を置いてしばらく座り込んだ。そしてその模様は、後日、本当に電波に乗って自分の家のテレビに映し出されることになり、いつもの川辺の広場を画面越しに眺めているという事実が、なんともおかしく思われ、なんだか笑いが込み上げて止まらなかった

閉塞感や不安に押しつぶされそうだった自分をほんのひとときでも安らがせてくれた川。来年は花見客や夏祭りの屋台で賑やかになるんだろうか。来年はまだ無理か……。まあどっちにせよ、そんなこととは関係なく、ボラはきっと跳ね続けているんだろう。

大阪酒日記その4

新今宮〜京都〜梅田〜京都〜十三〜今宮戎

ある日。

鶴橋の「よあけ食堂」へ取材に行く。今日も年配のカメラマン・Oさんと一緒だ。お店のお母さんが気さくに接してくれて、普通に二人で

飲みに来たかのようにリラックスしたムードで取材を進めさせてもらう。

「よあけ食堂」は、鶴橋商店街のそばにあるカウンターだけのお店。お地蔵さんを目印に路地を折れると現れる。朝八時半から営業していて、夜勤明けの人が一杯ひっかけにも寄っていくそうだ。戦後まもなく、このあたりに生まれた闇市の片隅で開店したとのことで、創業から七十五年近くになる。三代目になるご主人と奥さんが二人でやっていて、常連さんも一見さんも分け隔てなく接してくれる。

名物メニューのイワシ汁をいただく。ダシの味わいの中にちょっと辛みがあって後を引く。おすすめしてもらった通り雑炊にしてみたとこ

ろ、グッと柔らかな味になって驚いた。うどんを入れる人も多いらしい。壁に貼られたメニューには「宮城さん」「もりしげ焼」「太ちゃん」みたいに内容がまったく想像できない謎のものも多い。これはどれも常連さんの愛称らしく、そのお客さんのリクエストによってできあがったメニューなのだそうだ。「太ちゃん」というのを注文してみたところ、ソーメンと豚キムチを炒め合わせたものに韓国の「プルゴッチ」という青唐辛子を刻んでふりかけて食べるものだという。美味しいけど、めちゃくちゃ辛い。刺さるような辛味。Oさんは辛いのが好きだそうで、「おいしいですわ!」とめちゃくちゃ汗をかきながら食べている。時おり気持ちいい風が通って、なんといい店か。

　取材を終え、駅でOさんが最近ハマっているという「ポケモンGO」の画面を見せてくれる。六十代も半ばになるというOさんだが、スマホゲームには目がないらしい。「あ、珍しいポケモンいますわ」と、自分にはなんのことだかまったくわからないが、とりあえずOさんが楽しそうなのでホッとした。私との酒取材でいつも迷惑をかけてしまっているOさんだが、今日は終始上機嫌であった。「よあけ食堂」に漂う陽気な雰囲気のおかげかもしれない。それにしても、店で出てくるハイボールがかなり濃いめで、それが効いたのか帰りの電車で熟睡してしまった。

ある日。

夕方に家を出てJR京都駅へ向かう。駅前でTさんと待ち合わせて「いなげや」へ。ちょうど奥の壁際にずっといられるような落ち着く場所が空いていて、そこで閉店間際までずっと飲む。酒もつまみも安くて美味しくて大好きな立ち飲み。

Tさんは京都出身のミュージシャンで、ずっと東京に住んでいたのが、最近長野に引っ越したらしい。今日はライブついでに久々に実家に顔を出していたんだとか。最近読んだ本の話、最近の生活の話などしながら楽しく飲む。

どういう流れだったか、ゲームの話になった。ビシッとした教育方針のあったTさんの家では高校生になるまでファミコンを買ってもらえなかったそうで、ゲームをしてみたいのにずっとできない日々だった。近所の団地に住んでいる友達のところへ行くと、そこにファミコンを持ってる友達がたくさん集まり、それぞれのソフトを持ち寄って遊んでいる。プレイできないのは仕方ないとして、せめて画面だけでも見たい。しかし、ソフトを持ってないという理由で部屋に入れてもらえず、すりガラスの向こうから画面を見ていたそうである。すりガラス越しに見るマリオの動きを想像する。しみじみ切ない話だ。

ある日。

取材でまったく降りたことのない駅へ降りて

半日過ごすことに。阪神電車の「福」という駅を行き先に決め、そこへ向かってみる。

駅前に飲食店が五軒ほど並び、線路の反対側に巨大なイオンとユニクロがある。最近できたらしい大きな病院がある。目立つところはそれぐらいの町だ。しかし、こういうところこそ、歩いているうちに色々見つかって楽しいものである。とりあえずウロウロし、路地裏の定食屋にふらっと入る。お店のお父さんが優しくて、このあたりの見どころを色々と教えてくれた。

そのアドバイスに従って、河川敷から淀川越しに対岸の梅田の高層ビルを眺めてぼーっとしたり、姫島という駅まで歩いてみたり、のんびり過ごす。

日が落ちてきた頃、福駅の駅前にある立ち飲み屋「29」へ。常連さんたちのハイスピードなトークに圧倒される。時折「なぁ？　きょうび『関東炊き』いうても伝わらんよな？」と、常連さんがこっちに話をふってくれたりするのだが、「あ、ああ」とまごついているうちにもう話はだいぶ先へ進んでいるのだ。いつか大阪のしゃべりのスピードについていけるようになりたいと、いつも思う。

ある日。

今日は取材でものすごく長い距離を歩かねばならない。歩かねばならない、っていうか、自分でそう決めただけなのだが、山に登って山頂でおにぎりを食べたらびっくりするぐらい美味しいみたいに、疲れ果てて飲む酒が結局一番美味しいんじゃないかと検証してみることを思いついたのだ。それで、ＪＲ神戸駅から大阪・西九条の居酒屋まで歩いて向かうことにしたのである。

十一時頃に家を出て神戸駅へ向かい、十二時過ぎから歩きだす。特にトラブルなどが起きなければ二十時にはＪＲ西九条駅前の鳥貴族にたどり着くはずで、シカクのＴさんや、飲み仲間のＹさん、Ｈさんにもその時間に店に来てもらうよう約束してある。一見すると普段通りの飲み会なのだが、自分だけがめちゃくちゃ遠くから歩いてそこへ向かう、というわけである。神戸から西九条までは三十キロ以上の距離だ。

神戸駅から三ノ宮駅まではすぐで、そこから芦屋駅あたりまでの十キロ近い距離がいきなりすごく大変だった。まあでも、これまで長距離歩く機会というと終電を逃した後の夜ばかりだったけど、昼間に歩くのはそれよりは断然気分が良い。景色が見えるだけで楽しい。

徐々に足の指先が痛くなり、痛む場所に体重をかけないようにするから歩き方がぎこちなくなる。今度は別の場所が痛み始め、だんだんどこもかしこも痛みでいっぱいになってくる。無理な歩き方をしているから腰や背中まで痛い。しかし、遠いな……。

尼崎に差しかかったあたりで日が暮れてきて、ようやく淀川に突き当たった頃にはもう夜景が見えている。この前、福駅の近くの定食屋で「淀川越しに見る梅田の夜景が綺麗なんよ」と、店主に教わった、まさにその夜景である。

　水分補給だけで七時間半ぐらい休みなく歩き続け、ようやく鳥貴族に到着。いつも通り仕事を終えてやってきた他のメンバーと乾杯。待望の生ビール。うまい、うますぎる！　幸せ過ぎて後頭部が痺れる。やはり、極度に疲労すると脳内になんかの物質が出て、いつも以上の多幸感を感じるようにできているんだろうか。何を食べても大声が出るぐらい美味しくて、みんなに「どうしたんすか！」「なんなんですか！」と笑われる。唐揚げがあまりに美味しくて涙が出た。

　二十三時過ぎまで楽しく飲んで帰宅。棒のようになった足を揉みながらゆっくりお風呂に入る。

ある日。

　十八時に家を出て十三でGさんと飲む。まずは大箱の角打ち

「イマナカ」へ。店に入って、何を飲もうかと考えていると肩をポンと叩かれた。知り合いかと思って振り向くと知らないおじさんだ。「おう、飲め！　早く！　キツいの飲めぇ！　がんばれ！」と言う。

「はは、飲みます。今から選びます」

「俺の顔おぼえとけ、みんな友達や。どこの生まれや。東京？　どこだ。ほぉ、生まれたのは山形か。寒いぞー。雪や。大雪だぞお前」

「今年は雪がすごいみたいっすね」

「俺がおごる、早く飲め。二人は夫婦か？　なんだ違うのか。早く一緒になれ！　お前しっかりやれ！　がんばれ！　早く結婚してやれ！」

「いや、全然そういうんじゃないんです」

「早く、いいから飲め！　キツいやつを、なんでもいいから飲め！」

「いや、注文したいけどタイミングが……」


と、まだ何も注文していない時点で、怒涛の絡まれっぷり。この店に来るといつもこうで、それが楽しみで来ているところもある。

　なんとか飲み物を注文し、その後もおじさんの話をずっと聞く。春からいよいよ年金をもらえるんだと喜んでいる。おじさんは我々以外にもあちこちのお客さんに話しかけまくっているのだが、誰も邪険にしないのがこの店のいいところである。

　そしてまたおじさんは我々の方にやってきて自分の来歴について話し始める。すると、別のおっちゃんが「ほらもう！　若い人の邪魔したらあかん！　黙って一人で飲んどき！」と言い、おしゃべりおじさんは「うっさいのう……」とカウンターの方へ移動していった。

　さて、ようやくGさんと乾杯を、と思っていると、「邪魔したらあかん！」と言ったおっちゃんが今度はめちゃくちゃ話しかけてくる。

「おっちゃんいくつやと思う？　五十六や。十八で子どももできたんや。もう孫もおるんやで」

「へー！　見えないですね」

「んなことあらへん。もう全然チンチン勃たん。ガハハ！」

と、そんな話を聞いているとまた元のおしゃべりおじさんがこっちに戻ってきて
「おう、飲んでるか！　飲めぇ！　キツいの！　おっちゃんと同じの飲めえ！」

と、終始そんな感じである。

　そうしているうちに、店の向こうの方では泥酔したおばちゃんがすっ転んだりしている。その様子を気にもとめないおしゃべりおじさんは
「おう、いいなあ。飲めい。キツいの飲めい！　お前のお父さんに会いたいなあ。いくつだお父さん！　会いたい！　飲めーい！」と言う。

　なんなんだこの収拾のつかなさは。「イマナカ」に来たらいつもこんな感じだ。あっちこっち多方向に向かってみんながやりたいようにやり、バラバラに行動した結果、不思議な一体感が醸し出されるというこの空間。私が真っ先に思い描く大阪の酒場とは、こんな場所なのだ。

Asahi
生

あとがき対談……スズキナオ＋パリッコ

スズキナオ（以下ナオ）　大阪に引っ越して六年になるんですけど、こうして振り返りながら書いてみると、あちこちで飲んだ気がするわりにはそれほどでもなかったなと思いました。

パリッコ（以下パリ）　え？　ほんとですか！　ものすごい密度に感じたけど。

ナオ　偏りがあるというか、行くのは近所ばっかり。まだまだたくさん気になる町や店があるんですけどね。

パリ　読み終わって真っ先に感じたのが、「関西、無限だな！　なんでもあるな！」っていう。

ナオ　そうなんですよね。知り尽せないなーって思うばっかりです。

パリ　ナオさんの視点で語られた関西の本だからこそ、関西のまだ見ぬ魅力に想像をはせられるような気がしました。底知れなさに圧倒されるっていうか。

ナオ　だと嬉しいです！　圧倒されている様が伝わっていれば。

パリ　あと思ったのが、友達めっちゃいるな！　楽しそうだな！っていう。

ナオ　めっちゃいるわけじゃないけど、ありがたいですね。引っ越してきた当初は知り合いが全然いなかったから。

パリ　僕はもともと飲み仲間で、光栄なことに本にも何箇所か登場させてもらってますが、あれ懐かしいですよね。ナオさんが大阪に引っ越すことが決まって最後に、お互いの中間地点の椎名町あたりで飲んだの。

ナオ　ありましたね！

パリ　山の湯温泉って銭湯に行ったり。

ナオ　要町の方のね。すごく好きな銭湯です。

パリ　その時はなんとなく侘しさみたいな空気も流れてて「まぁ、会えなくなるわけじゃないし！」みたいな。確かに友達の少ない関西に引っ越す不安もありそうでした。それが、今やこうだもんな。

ナオ　ははは。こうってほど変わってないですけどね。飲みにつきあってくれる友達が徐々に見つかってよかったですよ。

パリ　その過程を追体験できるっていう。なんだろう、単なる酒場めぐり本じゃないんですよね。こういう本って結構珍しいし、貴重な気がします。移住日記みたいな本はそりゃあ多いけど、それとも違う。

ナオ　ガイドブック的に関西のお店を網羅したような本ではないから、そう読んでもらえるとありがたいです。

◉

パリ　で、関西の酒場の人、お客さんの、なんていうんでしょう、寛容な感じ？

ナオ　結構こっちは未だに緊張していて、たとえばお店に入った時の「飲み物何しはります？」のタイミングが速い速い！　座ってないのに聞いてくる。

パリ　ははは。逆に、「このスピードで決められると思います？」って強めに出てみては？

ナオ　いつかそうなりたいですよ！　とりあえず頼んだビールを飲んでるとようやく気持ちがほぐれてくる。

パリ　僕もナオさんが引っ越した関係でたびたび関西で飲ませてもらうようになって、明らかに、全員が全員じゃないのかもだけど、優しさとか、余裕とか、そういうものを感じるんですよね。

ナオ　そもそも酒を飲むという行為に寛容かもしれないですね。特に大阪は。朝から開いてる店が多いのもそういうことかも。

パリ　うん。一見の自分に常連さんがしゃべりかけてくれるとして、東京だと、「とにかく自分が人としゃべりたい」が先行してる酔っ払いが多い気がするんですよ。だけど大阪でそういう目にあったことが一度もなくて、「ここはええで」っておすすめ教えてくれたり。しかもしつこく絡んできたりは絶対しない。

ナオ　でも、不思議とパリッコさんやラズウェル細木さんと大阪の居酒屋に行くとみんなの接し方が紳士的なんですが、自分一人だけだとタコ殴りみたいに絡まれる時もありますよ。

パリ　はは。

ナオ　その人の自伝一冊読まされるぐらいのボリュームで、話が終わらないの。

パリ　ナオさん、心の中でほくそ笑んでるでしょ、そういう時。「ネタにできるぞ」って。

ナオ　そう！　そう思うんですけど、後で全然覚えてないんですよね。色々聞いたはずなのに。

◉

パリ　しかし、一ヶ月出禁のエピソード、良かったなー！

ナオ　あれは京都の角打ちですけど、それこそ寛容さを感じました。人肌の厳しさと寛容さみたいな。

パリ　他に行くとこないだろうからっていう理由。

ナオ　優しいですよね。ダメなやつだからこそ、他に行くとこないだろうってね。

パリ　確かにそうなんだけど、よく考えるとそんな人が自分の店に来ない方が絶対に得ですよね。商売上。

ナオ　そうなんですよ。他のお客さんも迷惑なんでしょうし。

パリ　そこに、損得感情じゃない、寛容さの土台みたいなものを感じるんですよね。「まーそういうもんでしょ？」みたいな。

◉

パリ　あとですね。そんな優しさに満ちた本で唯一の違和感が、カメラマンのOさん。途中から、Oさんが出てくると嬉しくなるようになっちゃって。

ナオ　ははは。書き方に自分の性格の悪さが出ちゃったかなと後悔しているところもあるんです。

パリ　いやいや、きっと現場では本当に嫌な気持ちになったんだと思います。特に、よくしてくれる僕らが好きなタイプの店を悪く言うシーン。

ナオ　そう！　単純に好みの問題なんでしょうけどね。毎回落ち込んでました。

パリ　すごい腹立つんですよ。ただ、「もっとスムーズに段取りをすすめてたら、てっちりが食べられたのに！」って怒るでしょ。あそこで急に、Oさん、人間だったんだなって。

ナオ　ははは。人間味あるんです。関西でずっと仕事をされてきた大ベテランの方だったので「甘くないぞ！」と厳しさを教わった気もします。

パリ　生活のこととかプライドとか、色々あるんでしょうね。不器用なところも。

ナオ　あとはもう自分の段取りが悪くて苛立たせてしまってましたね。八割は私のせいです。でもOさんに叱られるとその後、お店の人がいつもすごく優しいんです。みんなグルなのかな？「泣いた赤鬼」みたいな。

パリ　はは。Oさん、めっちゃその店の常連で「仕掛ける?!」って。

ナオ　心の優しい青鬼さんがね。

◉

パリ　純粋に酒場ナビ的な意味合いでも行きたい店だらけでした。「どんだけあるんだよ!?」って。まだ「とよ」にも「スタンドアサヒ」にも行けてないし、そうだ！「琴ヶ瀬茶屋」にも！

ナオ　いつも思うんですけど、関西にパリッコさんを放ちたいんですよ。ポケモンみたいに「いい店探してこーい！」って。

パリ　わはは。夜にしゅるるるるっとボールに戻されてデータを吸い出される。

ナオ　飲んでる途中で「戻って来い！」ってね。

パリ　きつい仕事だ。

ナオ　大阪も神戸も京都もそれぞれ違うし、今回は書けなかったけど、和歌山に行ったり奈良に行ったりしたらまた面白い。関西はあちこちアクセスがいいので今後もゆっくり散策していきたいです。

パリ　東京って、情報もある程度行き渡ってるから、どの街にはどんな店があるって、そりゃあ知らない店ばっかりだけど、関西よりはカラーが把握しやすい。その点、関西のワクワク感は羨ましいな〜。

ナオ　とんでもない古びかたをした店が残ってたりするし、店の中の人間模様が面白かったりもするし。

パリ　本当ですよね。

ナオ　あと、本の中にも書いたんですが、大阪にいると、東京から友達が遊びに来た時に声をかけてもらえることがあるから、その時にここぞとばかりに知ったかぶりできるのが楽しいです。「大阪いうたらこれでんがな！」って。

パリ　はは。エセ関西弁で。

ナオ　大阪の友達に教わったことを得意げにひけらかす。

パリ　「天満ではまず但馬屋でスタートするのが定番なんで」って。僕やラズ先生と一緒に初めて入ってみた店なのに。但馬屋行きたいな。

ナオ　また遊びに来てください！

パリ　状況が落ち着いたらぜひ！　そういえば、今朝がた変な時間に目が覚めちゃって、眠れなくなっちゃったんです。それでこの本を読み切ったんですよ。午前四時くらいだったかな。で、もうたまんなくなっちゃって、酒飲みましたよ。

ナオ　はは。そんな効能がありましたか！

パリ　そんなことは、年に何度もない。で、二時間くらい寝て子供に起こされて、もう眠い眠い。まだ若干酔ってる。

ナオ　ははは。疲れを引きずっちゃってね。読んでお酒を飲みたいと思ってもらえたら本望です。

パリ　間違いなくそういう本でした。

スズキナオ

１９７９年東京生まれ、大阪在住のフリーライター。ＷＥＢサイト『デイリーポータルＺ』『ＱＪＷｅｂ』『よみタイ』などを中心に執筆中。テクノバンド「チミドロ」のメンバーで、大阪・西九条のミニコミ書店「シカク」の広報担当も務める。著書に『深夜高速バスに１００回ぐらい乗ってわかったこと』（スタンド・ブックス）『酒ともやしと横になる私』（シカク出版）、パリッコとの共著に『椅子さえあればどこでも酒場チェアリング入門』（ele-king books）、『〝よむ〟お酒』（イースト・プレス）がある。

ele-king books

関西酒場のろのろ日記

2020年10月30日　初版印刷
2020年10月30日　初版発行

著者　スズキナオ
編集　大久保潤（Pヴァイン）
デザイン　戸塚泰雄（nu）
酒マーク　近頃チモ

発行者　水谷聡男
発行所　株式会社Pヴァイン
〒150-0031　東京都渋谷区桜丘町21-2 池田ビル2F
編集部：TEL 03-5784-1256
営業部（レコード店）：TEL 03-5784-1250　FAX 03-5784-1251
http://p-vine.jp

発売元　日販アイ・ピー・エス株式会社
〒113-0034　東京都文京区湯島1-3-4
TEL 03-5802-1859　FAX 03-5802-1891

印刷・製本　シナノ印刷株式会社

ISBN　978-4-909483-72-0

万一、乱丁落丁の場合は送料負担にてお取り替えいたします。

本書の原稿、写真、記事データの無断転載、複写、放映は著作権の侵害となり、禁じております。

©Nao SUZUKI　2020